图书在版编目（CIP）数据

心灵的后裔：我的教育行思录 / 樊梅庵著 .
北京：中国青年出版社，2024. 11. — ISBN 978-7
-5153-7541-0

I . G633.302

中国国家版本馆 CIP 数据核字第 20242Y6K73 号

书名题签：吴梦庵
责任编辑：彭岩
出版发行：中国青年出版社
社　　址：北京市东城区东四十二条 21 号
网　　址：www.cyp.com.cn
编辑中心：010－57350407
营销中心：010－57350370
经　　销：新华书店
印　　刷：北京汇瑞嘉合文化发展有限公司
规　　格：660mm×970mm　1/16
印　　张：19
字　　数：300 千字
版　　次：2024 年 11 月北京第 1 版
印　　次：2024 年 11 月第 1 次印刷
定　　价：60.00 元

如有印装质量问题，请凭购书发票与质检部联系调换
联系电话：　010－57350337

我的教育行思录

樊梅庵　著

中

目录

序（李小龙） 1

卷一　巴山梦长

时间之外的奇书——由小说第一回认识《红楼梦》 3
英豪阔大宽宏量——说说史湘云 17
霁月难逢，彩云易散——《红楼梦》中的晴雯 23
山中高士，世外仙姝——2020届高三语文读本《解味红楼》代序 30
为什么要读《论语》，如何读《论语》——《论语研读》自序 44

巴山梦长，雨声在野——析李商隐《夜雨寄北》 53
陶渊明的痛苦和伟大——读《归去来兮辞》有感 59
你理解杜甫对李白的深情吗？——杜甫《梦李白（其一）》 68
你必将失败，但诗歌本身以太阳必将胜利——析《面朝大海，春暖花开》 75
“传奇”在一声悲鸣中终结——周末读《倾城之恋》随感 89
一面永不屈服的旗帜——读显克维支《灯塔看守人》 93
百年“孤独”的秘密——班级报纸“共读《百年孤独》”专栏导读 97

卷二　心灵的后裔

“人生难得有情痴”——写在 2012 年《雷雨》话剧演出活动后 103
写给即将成人的你们——2014 届高三 13 班成人礼赠言 105
心灵的后裔——爱、友谊和自由 113
礼赞或挽歌——《与无关有关：高三阅读文选》自序 124
清秋佳日笙歌起——2017 级人文实验班开学讲话 131
为什么要办一个校园诗歌节——“我的孤独是一座花园”冬至诗歌节感想 137
黑马在你们中间寻找骑手
——在“它在我们中间寻找骑手”高一诗歌朗诵会上的讲话 139
诗意青春——2017 届高三成人礼献诗 144
“我们去寻找一盏灯”——2020 届高三成人礼献诗 155
风雨过后，你的孩子会真的长大——致高三家长的一封信 163
“年青的一代需要飞翔”——为北师大实验中学高中录取通知书拟写欢迎词 166
宁静笃学　向美而行——写在新学期开学之际 168

卷三 风流远矣

“魂兮归来”——腾冲国殇墓园祭文 173
“高山仰止”——建水文庙释奠礼祭文 175
“碧血千秋”——南京紫金山麓祭抗日航空烈士文 177
“表哲人之奇节”——清华园祭王静安先生文 179
旧时月色，今番照来
——“水墨传承 师优为先”全国美术教师绘画展前言 181
如诗如梦故家山——《2017届高二文科班台湾研学文集》序 183
痛与爱都无比真实——“弦歌不辍兮祭国殇”滇西人文研学 结束语 189
青山幸兮 风流远矣《青山依旧 余情还绕》序 191
梅庵说“文”——在“昭昭有唐 盛世华章”艺术节闭幕式上的发言 200
“云山几盘 风流几湾”——2020届高二学子江南人文研学设计初衷 203
“灯火相续”——2020届高三学子敬赠母校礼物解说词 205
“兰生幽谷中”——2021年“世界博物馆日”记北师大实验中学艺术馆 207
化育菁华，当重美育——为学校美育纪录片撰写文案 209

卷四 安得促席

空一缕余香在此 213
我与遐之先生的诗词酬唱 216
“安得促席，说彼平生”——妻生日，有感而发 219
诗心的召唤 223

这样的世界，我们怎么还能“爱得深沉”？ 226

感动我的，是爱和痛！——《无问西东》观后感 230

雪中梦未醒——一个逝去的世界 237

文学有什么用 244

愿“实验”在你们身上蔓延

——在北师大实验中学2020届“云毕业典礼”上的讲话 248

向美而行，心怀大爱

——在北师大实验中学2023届高中毕业典礼上的讲话 254

师道尊严，温情敬畏——2017年教师节致辞 258

博学深思　明辨笃行——如何做一名添薪续火的文化守护人 264

“你必点燃我的灯”

——庆祝第三十六届教师节致全体教职员工的一封信 277

代　跋

校园中的理想主义——专访樊后君老师 283

序

接到后君《心灵的后裔——我的教育行思录》书稿，非常感慨，拉杂写一点读后感，算是对后君“嘤其鸣矣，求其友声”的呼应。

老师这个职业，无论社会上有多少相去甚远的看法，有一点一定没有争议，那就是他自己的思想可以通过学生得到传承甚至放大。每个人的生命长度都是有限的，但师生相继，便可薪尽火传，这是一个思想者最大的幸福，也正是后君书稿命名为“心灵的后裔”的原因。所以，选择当老师的人都重视对学生的培养，也就是必然的了。后君是我正式指导的第一个硕士。开学第一次读书会后，我就对他印象很深，因为他读书很博，思考很深，具有中文系最宝贵的诗人气质，对文学有极佳的颖悟与深挚的热爱。

2012 年夏，后君在北师大通过论文答辩，硕士顺利毕业，只是非常可惜，同年 3 月，我已被派到日本工作，没能参加他的毕业答辩，自然也没在他毕业工作的关键时期及时跟进。好在他能力突出，读研时便已在北师大附属实验中学实习代课，因为表现优秀，毕业后便留了下来。

此后几年，便从各个渠道听到他的消息，知道他在学生中非常受欢迎，也很得学校领导和同事的赞赏，甚至有数年，实验中学语文老师想要进人，因为后君优秀，便产生了某种路径依赖，会来找我推荐。后来我又多次到实验中学做讲座，也在现场感受到同学们是如何喜欢“影梅庵主”“樊少”的，这自然是后君的成果，但也让我非常自豪。不过，对他毕业以后的所思所行，实话说还了解不多。现在，这部书稿摆在面前，成为一个最佳资料，可以让我重新了解毕业十余年、从学生变成同道的樊老师。

书稿共分四个部分，分别展示了后君作为一名语文教师不同的面相。

第一个部分是“巴山梦长”，共有十二篇文章，都是关于经典的解读。这部分与我自己也高度契合，我在读的时候时时恍然，感觉后君说出了很多我想说但没能说出来的话。

前四篇都是关于《红楼梦》的，拜读这些文章，仿佛置身于实验中学的课堂，听到樊老师的讲解。这四篇文章在篇数上占全书近十二分之一，但篇幅上却占七分之一，原因或许是《红楼梦》对于高中语文教学的重要性，也或许是《红楼梦》本身的伟大，但也不能否认，最重要的是后君自己的热爱。在第一篇《时间之外的奇书》中他就说“在我的精神世界里《红楼梦》是顶级的”。后君的观点都是不同流俗的，但同时也是启人深思的，是真正的文学的，或者说是人的。比如说《红楼梦》开端就自言三个特点，即无朝代，无贤忠，无德能，一下子掀翻了几千年的总账，事实上也掀翻了不少人对《红楼梦》的迷思。后君认为，“曹雪芹是在用人的眼睛来看人的苦难，既看到姹紫嫣红，更看到万艳同悲”，也就是说，他让宏大的文学书写回归到了人的立场。当然，后君也指出，“真正承载我们生活的不是情节，而是无限丰富的细节”，他对《红楼梦》的理解也不仅仅是观念上的，而是潜入细节之中。这篇文章中，对黛玉《五美吟·西施》的深入剖析是很罕见的，因为这首诗在学界也没有得到太多关注，但后君在其中读出了人的价值与尊严！如果说第一篇算是主题论，那么后三篇则是人物论，分别涉及了湘云、晴雯、宝钗和黛玉，均是可爱的红楼女儿。可以看出，虽然是在不同时间面向不同听众的讲稿，但后君有整体的规划。

其他各论也都与我心有戚戚焉，如《论语》的重编（我还很喜欢后君说的四个“我”），赏李商隐巴山夜雨之际的忧伤和对“共剪西窗烛”的预想，析陶渊明物质的、理想的、家族的痛苦以及坚持的、毅然的伟大，解杜甫梦李白的文字密码，析“不可分析”的海子的诗，看《倾城之恋》的苍凉，还有《灯塔看守人》流浪的隐喻，《百年孤独》的“百科全书”……这些作品都是经典，也都是我非常喜欢的经典，除了李商隐、陶渊明、杜甫、李白之外，此前我们从来没有交流过，重新读他的文字，算是补上了缺席的读书会。

对经典的敬畏与温情是进入经典的基础。我理解，这也是后君作为语文教师的标准像。

第二个部分是“心灵的后裔”，共有十二篇文章。如果说，“巴山梦长”展现的是一位学识渊博的语文教师的课堂风采的话，那么，这部分则展示了他的校园形象——他不只是语文的，更是温情的、文化的、生命的，或者用同名文章的副标题来表达，就是“爱、友谊和自由”。语文不只是一门课，更是对文化、对传统、对世界、对生命的态度，所以，语文老师不能只有课堂的形象，也应该有校园的形象。细读这部分文章，让我更加充分地认识了“巴山梦长”中那个樊梅庵是如何养成的，那些对经典作品的深切解悟，正是他自己生命底色的印证。

第三个部分“风流远矣”给了我更大的惊喜，因为这是一位语文老师的社会形象。此前偶尔会在朋友圈看到他带领学生游学，非常赞叹，但因为我很少看朋友圈，所以还不了解全貌。这次看到这十三篇文章，才知道两件事，一是他带领学生游学的地域之广、之勤，二是在这些游学中，他的安排与所作文字之精。正如科研界说要把论文写在祖国大地上一样，他的努力，是把给学生的教育安置在祖国大地上，让语文从书中的文字还原为祖国的疆域与文明：腾冲国殇墓园与建水文庙、南京紫金山麓与清华静安先生碑……一处处都从书页的墨迹中耸立起来，于是，那些课堂上写下来的“痛与爱都无比真实”……我一直希望能在大学多安排这样的游学式教育，但迄未如愿，看到后君的努力，既佩且惭。

第四个部分叫“安得促席”，也有十三篇文章，展现的是后君在同事中、在家人中的形象，甚至是一个电影的观众，是一个面对社会问题的发问者，总之，这里完全脱离了一位语文老师的形象，但又不得不说，语文老师从来都不拘束于课本之内，他本来就既应该在课堂、在校园、在社会之中，又应该跳出这些藩篱，直面历史、直面生活、直面生命！

这部书稿就好像一个录像机，用文字的光景雕刻了后君的四种形象，实际上，录像机的机位本身就暗含了一个更重要的视角，那就是后君的目光越过录像机所到达的对面——他的学生，这才是这部书稿没有出场的主人公。我们不必去演绎讲者与听者的逻辑关系，仅看书稿的命名即可证明，书名自然源于“学生是心灵的后裔”的说法，正如书稿所呈现的位置一样，书名也有意隐去了这个判断句的主语，但每一个知音都会秒懂。后君在他一届又一届学生心灵中刻下了悠远不绝的嗣响，这让我与有荣焉：因为我们起初是教学相长的师生，现在是并肩战斗的同道。

最后，想说的是，与后君同时入门的另一位硕士于 2013 年毕业，我同样遗憾未能参加她的论文答辩。不过，有一件事差可告慰，那就是她成为这部书稿《“安得促席，说彼平生”》一文的主角，在她生日之时，后君用诗、酒就着月色向她祝寿。她也成为一名教师，与后君一起在基础教育一线传道授业，相偕为学子们的心灵送去光芒。

以此小序，与英华、后君伉俪共勉。

小龙序于凉雨轩

时在孔子 2575 周年诞辰之时

卷一　巴山梦长

时间之外的奇书

——由小说第一回认识《红楼梦》

各位老师、各位同学：

大家好，我叫樊后君，是高一 7 班的班主任，兼咱们年级 7 班和 9 班的语文老师。

刚才是一个简单的自我介绍，在戏曲里有一个专业术语，叫“自报家门”。我之所以在此自报家门，有两个原因：在实验中学，我是一名极普通的老师，大家基本都不认识我，赏脸来捧场，我深怀感恩，需要做一个自我介绍；这是第一个原因。今天讲座的副标题是“由小说第一回认识《红楼梦》”，如果把小说比喻成一个人，那第一回就是小说的“自报家门”；这是第二个原因。

请大家原谅我在副标题中使用的动词“认识”，这个词有一种讨人厌的自负感，好像别人都不认识、不懂《红楼梦》，只有我懂似的。我不是这个意思，我今天所讲只是个人的一家之言，是我个人用自己的心灵去贴近《红楼梦》得出的几句絮语。

文学有两个维度，一是横向的，走向辽阔丰富；一是纵向的，走向深刻幽微；而《红楼梦》两个维度兼而有之，并且两个维度都到了一般小说难以企及的高度。在我的精神世界里《红楼梦》是顶级的，没有人可以拥有《红楼梦》的最高解释权，不管是投入多少心血去研究的专家学者都不可能获得这样的资格，因为它太丰富了，这种不可思议的创世般的丰富性，除了托尔斯泰和莎士比亚，大概在整个人类世界都很难找到旗鼓相当的对手；它太深邃了，层层叠叠的梦境、寓言，像卡夫卡一样轻得几乎没有重量，却能穿透整个厚重的历史，直抵人的命运本身！

皇皇大作不知从何说起，咱们先说一说开卷第一回吧。一本书和一个人一样，一出场先要告诉大家“我是谁”，这是第一个调子，是整个故事的基石。而要说清楚“我是谁”，最直观的方法是在传统的坐标中找参照物，先说清楚“我不是谁”，我们来看一下曹雪芹是怎么说的。

空空道人遂向石头说：“石兄，你这一段故事，据你自己说有些趣味，故编写在此，意欲问世传奇。据我看来，第一件，无朝代年纪可考；第二件，并无大贤大忠理朝廷治风俗的善政，其中只不过几个异样女子，或情或痴，或小才微善，亦无班姑、蔡女之德能，我纵抄去，恐世人不爱看呢。”

（《红楼梦》第一回：甄士隐梦幻识通灵　贾雨村风尘怀闺秀）

概括起来说，曹雪芹自言《红楼梦》有三个特点：第一无朝代；第二无贤忠（男子）；第三无德能（女子）。

我小时候看这些与情节无关的都是跳过去的，现在细细想来，真是“于无声处听惊雷”，别看这轻飘飘的三句话，我觉得它把我们几千年的历史都否定了。我这么说肯定有很多人是不相信的，那么我们就对照着来看一看历史的大关节到底是些什么。

第一要紧就是朝代，以往的历史都是权力的历史、朝代更迭的历史、帝王将相的历史。《三国演义》开篇就说："话说天下大势，分久必合，合久必分。"说的不就是这种历史吗？孔尚任《桃花扇》提出的问题是明朝"三百年之基业，隳于何人，败于何事，消于何年，歇于何地"。不也是这种历史吗？其基调都是政治沉浮、家国兴亡、历史沧桑的咏叹。

"唐尧虞舜夏商周，春秋战国乱悠悠"，说白了，谁家的江山，姓刘呢还是姓李呢？赵官家还是爱新觉罗？我们的历史周期性的循环往复、血流成河争的不就是这个吗？再没有比这个更大的事了，但《红楼梦》一反这种历史眼睛，开篇就说，这不重要，我不想说这个。曹雪芹完全是自觉地打破朝代更替的时间图表和帝王将相创造世界的历史观。

像《红楼梦》这样标志着人类精神高度的作品，时间没有意义。换句话说，它像埃及的金字塔，是一个永远的审美对象，而不是时代性标记。我这个讲座的题目叫"时间之外的奇书"，《红楼梦》作为巨大的文学存在，没有时间的边界。它属于当时，也属于现在，更属于今后的千秋岁月。

在《红楼梦》的研究中，新索隐派之所以显得特别幼稚乃至荒谬，就因为他们把这部巨著的无限时空简化得不仅有限而且渺小，从而使《红楼梦》遭到了巨大的"贬值"。新索隐派的红学家纠结于各种隐晦的暗语，一定要坐实当时的政治斗争环境，好像不与政治斗争相结合就不能说明《红楼梦》的价值，可笑、荒唐！蔡元培先生《红楼梦索隐》一书说《红楼梦》是写满汉之争，譬如他举了一个例子，小说第一回有这样一句话："后因曹雪芹于悼红轩中披阅十载，增删五次，纂成目录，分出章回，则题曰《金陵十二钗》。"蔡元培先生认为"悼红轩"三个字是大关节，"红"就是"朱"，是大明王朝的姓，因此，"悼红轩"就是哀悼已经灭亡的明朝。胡适先生用两个字批评他——"笨谜"，即"笨伯猜谜"之意。

曹雪芹一开笔就抛弃的东西，他们却孜孜不倦地捧了一辈子，真是何其狭隘！

第二要紧是男子要报国，也就是贤和忠。中国文学的主脉，其主要精神是政治关怀、家国关怀、历史关怀的精神，譬如《水浒传》，全名《忠义水浒传》，打着“忠义”的旗号，打家劫舍，杀人放火。李贽《忠义水浒传序》：“独宋公明者身居水浒之中，心在朝廷之上，一意招安，专图报国，卒至于犯大难成大功，服毒自缢，万死而不辞，则忠义之烈也！”再看《三国演义》，毛宗岗《读三国志法》：“吾以为三国有三奇，可称三绝：诸葛孔明一绝也，关云长一绝也，曹操亦一绝也。”由于《三国演义》“尊刘贬曹”，一方是“义绝”关羽、“智绝”诸葛亮，一方是“奸绝”曹操，善恶分明，暗示着一种绝对道德原则。

《红楼梦》第三十六回借贾宝玉之口批评过这种价值观：那些个须眉浊物，只知道文死谏，武死战。(《绣鸳鸯梦兆绛芸轩　识分定情悟梨香院》)

古人云：“学成文武艺，货与帝王家。”所有的大智慧大才能都是围绕着国家转的，都是要货与帝王家的，货最好博一个青史留名，算是到达了人生意义的顶点。所谓“人生自古谁无死，留取丹心照汗青”“苟利国家生死以，岂因祸福避趋之”“我自横刀向天笑，去留肝胆两昆仑”……除此之外，人再没有其他能端上台面的价值。

2013年春节的时候，我在国家大剧院看了一场戏——京剧《宁武关》，明军山西总兵周遇吉中了李自成的“调虎离山”之计，丢失了宁武关，他回岱州城看望母亲及家小，他的母亲恐周遇吉以已为念，等周遇吉出府后，即令放火自焚，合家殉节。史上褒扬“一门忠烈”！一个母亲让儿子去报效国家，自焚而死，并且把家中其他人或物都一把火烧了，这样的价值观，我觉得这简直是“社会主义大毒瘤”！

我小时候读了很多历史演义的书，《薛仁贵征东》《罗通扫北》《杨家将》《岳家将》……看到激动处恨不能撸起袖子上战场，为国家死了也甘心！

但是曹雪芹说，这个没意思，他也不想说这些。

第三要紧是女子要有德能，班昭修史，文姬归汉，这两位女士的故事大家应该很熟悉了，可以说是我们的史书上最杰出的女性代表。班昭倒也罢了，蔡文姬的故事实在是催心彻肺。蔡文姬是汉末著名学者蔡邕之女，博学有才辩，又妙于音律。战乱中为胡骑所获，南匈奴左贤王纳为妃子，生二子，后来曹操同情其遭遇，派使者持金赎回。回汉后，蔡文姬创作了《胡笳十八拍》，当然，这是传说。在这首诗的后面几拍，蔡文姬表达了对两个儿子刻骨铭心、悲痛欲绝的思念之情。我读《胡笳十八拍》几度落泪，

身归国兮儿莫之随，心悬悬兮长如饥。
四时万物兮有盛衰，唯我愁苦兮不暂移。
山高地宽兮见汝无期，更深夜阑兮梦汝来斯。
梦中执手兮一喜一悲，觉后痛吾心兮无休歇时。

——蔡琰《胡笳十八拍》

一个女人的命运在战乱中被国家裹挟，一边是拉着手喊“妈妈不要走”的两个年幼的孩子；一边是“汉”——民族身份或者说是国家身份的认同和回归，文姬最后的选择是国家而不是孩子。如果是我，铁心做一辈子胡人的老婆、孩子的妈，别说是国家那边招招手，就算刀架脖子上我也不会走的。国家亲还是孩子亲？当然是孩子亲！但我们传统的价值判断不是这样的，正因为她做出一个合于民族大义的“正确”的选择，我们的史书上才把“文姬归汉”作为千古美谈。

可是曹雪芹说，他也不想说这些。

《红楼梦》对女性不是用道德视角来观照的，它用的是一种审美的视角。《三国演义》《水浒传》对女子没有审美意识，只有道德意识，换句话说，只有道德法庭，没有审美判断。不必说被道德法庭判为死刑的妖女“淫妇”如潘金莲、潘巧云、阎婆惜等，就是被判为英雄烈士的“母夜叉”孙二娘、“母大虫”顾大嫂、“一丈青”扈三娘也没有美感，甚至作为美女形象出场又被放入法庭正席中

的貂蝉，也不是审美对象，而是政治器具。

而在《红楼梦》中，女性所代表的审美维度发展到了极致。我们认识到红楼女儿的干净，这种干净是内心最深处的干净；我们认识到红楼女儿的美丽，这种美丽是根植于真性真情的美丽。

无所谓朝代，男人不必贤忠，女人不必德能，这不是否定历史又是什么？不单否定历史，还否定了自古以来的价值判断，可以说这一种坚定的逆向的价值观贯穿了《红楼梦》整个故事。

如果仅凭这几句话有夸大的嫌疑，我们可以从后面找更多的例证，第十六回（《贾元春才选凤藻宫　秦鲸卿夭逝黄泉路》）宝玉把北静王送的珠串送给黛玉，黛玉说："什么臭男人拿过的！我不要他。"北静王在林妹妹眼里只不过是个臭男人！我们借着林妹妹的骄傲，把眼睛放大放久远来看，这上下两千年，帝王将相争夺天下，乱哄哄你方唱罢我登场，阴谋也罢，正义也罢，刘家也好，李家也好，造起的宫殿烧了一遍又一遍，野草般的苍生杀了一茬又一茬，血流成河，浊气冲天！这历史难道不是一群臭男人拿过的东西吗？

那么，在否定历史之后曹雪芹要肯定什么呢？

"历来几个风流人物，不过传其大概以及诗词篇章而已；至家庭闺阁中一饮一食，总未述记。再者，大半风月故事，不过偷香窃玉、暗约私奔而已，并不曾将儿女之真情发泄一二。"

（《红楼梦》第一回：甄士隐梦幻识通灵　贾雨村风尘怀闺秀）

可见一是要写"家庭闺阁中一饮一食"，琐碎的生活细节；二是要写"儿女之真情"，儿女之间相亲、相敬、相爱的真情。这是什么意思呢？这意思是说，他一要写人的生活，二要写人的心灵！也就是说，曹雪芹脱离开历史的兴衰成败，脱离开贤忠、德能的价值判断，而直接追问人本身！不管历史是什么样子的，他真正的问题是，人是什么样子的？人的生活是什么样子的？人的灵魂是什么样子的？人的命运是什么样子的？这才是他最深的关怀，所以才会有“满纸荒唐言，一把辛酸泪”。

《庄子·天下篇》说：“谬悠之说，荒唐之言，无端崖之辞……”荒唐是背离了传统的贤忠、德能的叙事，别人都说的他不想说，而他想说的别人都不会说；那为什么会辛酸呢？如果我们以历史的眼光去看是没有辛酸的，历史告诉我们它的铁血是一种必然，是一种豪迈。智慧如苏东坡也在说“大江东去，浪淘尽，千古风流人物”。辛酸吗？一点也不辛酸，潇洒得很，豪迈得很！但如果我们用人的眼睛去看呢？大江东去的背后，是多少人妻离子散？多少人生离死别？多少人挫骨扬灰？当你用这样的眼睛去看，你还潇洒豪迈得起来吗？

“满纸荒唐言，一把辛酸泪。都云作者痴，谁解其中味？”

为什么会辛酸？为什么要流泪？因为曹雪芹是在用人的眼睛来看人的苦难，既看到姹紫嫣红，更看到万艳同悲，在女儿们的命运中看到自己的命运，看到人本身的命运！悲咽无声，唯有一把辛酸之泪……

我们再回过来看，他为什么要写那么多的生活细节？真是太“琐碎细腻”了，吃的什么，穿的什么，为什么吵架，看什么戏，谁过生日，唱什么曲子……我以前看《红楼梦》经常把这些繁复的细节跳过去，只挑有情节的爱情故事来看，现在毕竟有点阅历了，当我开始回想我的高中生活，我首先想到的真不是我高一期中、期末考试得多少分，高二经历了哪些事情，而是学校门口小街有一家“扁嘴”小吃店的牛肉粉很好吃，每天晚自习后回家，路边小摊卖烧烤，我爱吃那一种烤馍，切开，里面放哪几种菜，还有孜然和花椒的香味……我想到的是语文晚自习读小说，历史晚自习读《体坛周报》《足球周刊》

《灌篮》，下大雨的天气我和几个伙伴在操场上踢了三个小时足球；我想到的是某天下雪了，白皑皑一片，有一个女同学穿了一件红风衣在雪地里散步，那个画面就让我想到《红楼梦》第四十九回的回目——“琉璃世界白雪红梅！”心里就一阵高兴；我想到的是隔壁文科班有一个姑娘很漂亮，扎着马尾辫，路上遇到人总是低着头，总让我想起徐志摩那句诗“最是那一低头的温柔，像一朵水莲花不胜凉风的娇羞”……我想到的就是这些无关紧要的细节。

真正承载我们生活的不是情节，而是无限丰富的细节，这细节之中有我们生活的质地和温度。

《红楼梦》就是要写被我们忽视了的日常生活，写青春少男少女的日常生活，他们的日常生活是，“杨妃戏彩蝶”“黛玉葬花”“撕扇子作千金一笑”“偶结海棠社”“茶品梅花雪”“醉卧芍药茵”“琉璃世界白雪红梅　脂粉香娃割腥啖膻”……这样的日常生活充满了诗意。曹雪芹用这样的日常生活的维度否定了历史的维度、帝王将相的维度。

在这些之外，在家国天下、成王败寇、名垂青史之外，我们还有些什么呢？我们还有作为一个人的天真本然的样子，与成王败寇的混浊历史无关的、干干净净的样子。那就是宝玉、黛玉的样子，是大观园里那些女儿们的样子。红楼儿女的样子不是在大事件中展现的，而是在大观园日常的琐碎生活中体现的。

这些日常生活塑造了一群千古难灭的至真至善至美的诗意形象，这就是贾宝玉、林黛玉、薛宝钗、史湘云等形象。这些女子不仅外貌极美，而且有奇特的内心，这便是内在诗情。

再来读一首黛玉的诗：

一代倾城逐浪花，
吴宫空自忆儿家。
效颦莫笑东村女，

头白溪边尚浣纱。

（《红楼梦》第六十四回：幽淑女悲题五美吟　浪荡子情遗九龙珮）

我知道很多朋友看《红楼梦》不爱看诗，我小时候也是这样的，看不懂也不耐烦。曹雪芹真是讲究的人，每个人是什么样的品格性情，能写出什么样的诗来，他绝不敷衍，所以在那些诗里藏了大量的信息。好多红学家把这些信息解读成命运的谜题，每个人最后的结局如何。这样读未尝不可，特别是第五回中的每一支曲子都是破解命运的密码，但如果时时都是密码，处处都是密码，那《红楼梦》就不是文学作品，而是密码本了。所以我更喜欢从文学的角度去解读那些诗，看看大观园中那些小姑娘的心灵，她们有什么见地，是怎样的品格，将心比心地去了解去认识她们，这样读下来，真恍若身边有这样一群可爱的姐妹——若破译她们的命运，我在她们之外；认识她们的心灵，我在她们之中。以我的痴心去体贴她们的痴心，则心心相印，血脉相连。这些年来我对于《红楼梦》真有血脉相连的情感。

这是黛玉《五美吟》中说西施的一首，这首诗在黛玉的作品里算不上好的，我们的诗中有一类是表达观念的，我觉得可以称为“理性诗”，这类诗虽然有很多名句，但不怎么动人，譬如“不识庐山真面目，只缘身在此山中”“不畏浮云遮望眼，自缘身在最高层”……没什么美感。这并不是说苏东坡、王安石写得不好，而是这一类诗它本身就是在寻求理性的认同而不是感性的认同，它不会让人感动，没有情绪的波折，没有美的体验，就是觉得他说得很对。今天这一首诗也是这样一类“理性诗”，是表达观念的，跟“天尽头，何处是香丘”这样带着强烈情感的句子完全不一样。

我先把这首诗给大家翻译一下：

一代倾城逐浪花，

西施已经随浪花而逝，成为历史了。

吴宫空自忆儿家，
当年她在吴王的宫殿里空空地思念小时候在老家的日子。

效颦莫笑东村女，
不要笑话那个效颦的东村的姑娘。

头白溪边尚浣纱，
她一直到头发白了还在村子里的小溪边浣纱。

这是什么意思呢？我们一直觉得西施是美的，东施是可笑的。但是黛玉说，东施不可笑，西施才是悲剧，西施的命运是被扭曲、被牺牲了的，而东施却无人打扰地安安静静地生活到老。

这简直是天外眼光和天外语言。人间都为西施的美色而倾倒，黛玉却说，一代美人演完政治戏剧后随波消失了，只留下永远的寂寞，而那个被嘲笑的丑女，倒是能在溪边浣纱直到白发苍苍，永存永在的还是质朴的生命，还是内心那些清溪般的天真。

这一个颠倒的判断很容易让我们想到庄子“曳尾涂中”的故事。

庄子钓于濮水，楚王使大夫二人往先焉，曰：“愿以境内累矣！”庄子持竿不顾，曰：“吾闻楚有神龟，死已三千岁矣，王巾笥而藏之庙堂之上。此龟者，宁其死为留骨而贵乎，宁其生而曳尾涂中乎？”二大夫曰：“宁生而曳尾涂中。”庄子曰：“往矣！吾将曳尾于涂中。”

（《庄子·秋水》）

楚王派使者请庄子出来做官，庄子一边钓鱼一边说，我听说你们楚国有只神龟，死了三千年了，你们国王把它包得像个木乃伊一样供起来。这只神龟是喜欢做木乃伊呢，还是喜欢在泥巴坑里乱爬，你猜？使者说，我猜它喜欢乱爬。庄子说，对了，走你！

这里黛玉的判断和庄子的判断是一致的，他们都在回答一个非常关键的问题：人的一生应该追求什么？人都有两方面的追求，一种是向外的，追求功名利禄，追求鲜花、掌声以及众人追随仰慕的目光；另一种是向内的，追求自我的愉悦、宁静、自由和满足；显然，庄子和黛玉的选择更倾向于后一种。

当我这样说的时候，绝不是说追求前一种是错的，大家都要追求后一种。这种说法是故作清高的，是狭隘的，因为人毕竟是人，人有虚荣，人有物欲，这些是根植于血脉里的东西。我小时候看过一部非常棒的电影，一个喜爱骑马的姑娘她的眼睛瞎了，她非常悲伤，几乎失去生活的勇气，但是，当她终于决定重新走上赛马场的时候，她整个人都像复活了一样闪闪发光。她的家人说，宝贝，你做这样的决定知道要吃多少苦头吗？她说："我知道的，但是，我迷恋掌声、我迷恋闪光灯！没有它们我活不下去。"我们常说掌声和闪光灯是一种外在的虚荣，但她的这一种"迷恋"却让我热泪盈眶，因为在对虚荣的追逐里面，有我们生命最原始的热情。

所以，我们首先必须承认，这两种追求是并生共存的。如果没有任何代价，那么我觉得往两个方向去追寻都没有问题，都是好的，都是人之本然。但问题是，任何一种追寻都是有代价的，当我们看到奖励的同时，还必须看到，我们为此需要付出什么样的代价。对于西施而言，她的代价是爱情与生命；对于神龟而言，它的代价是自由。如果我们承认爱情、自由、生命是我们作为一个人最重要、最宝贵的价值，那么问题就变成，如果有一顶桂冠，它需要你用爱情、自由、生命作为交换条件，你换不换？所以问题不在于桂冠，而在于代价——你付得起这样的代价吗？我们一旦交出爱情、自由和生命，那我们还剩下什么？我们还能称自己是一个人吗？恐怕不能了，我们会沦为工具——国家的工具、历史的工具、某种宏大的概念的工具，我们或许完成了某一种角色，但唯独不能完成自己。

所以，当我们用这样的眼光去看，我们所谓的四大美女一定是古往今来长得最美丽的女人吗？不一定，而是这些女人的命运都与历史的变幻紧密相关，可以说，她们是帝王叙事中最为关键的陪衬，在某些历史拐点充当最关键的垫脚石的角色，没有她们，我们的历史或许会发生很大的改变。所以，与其说她们是最美的女人，倒不如说她们是与历史结合得最紧密的女人。而我们的传统之中把这类充当历史角色的女人定义为最美，也可见我们对美的判断是包含有杂质的，我们脱离开这个人本身，脱离她的相貌，她的性情，她的品格，更多的是去看加在她身上的一些“宏大”的东西。而正是这些宏大的东西，成为她们命运的桎梏，带给她们毁灭和牺牲。

今天我们看到她们的毁灭与牺牲是相对比较容易的，因为作为人类这个族群整体，我们毕竟经历了文艺复兴和启蒙运动，我们有大量弘扬人性的理论作品和艺术作品作为依据。但是，即便在今天，我们的审美仍旧没有跳出历史垫脚石的框架，我们歌颂一个女人，不是歌颂她的温暖、美好和爱，而是歌颂她有多厉害，她有多少手段，她制服了多少男性对手，持续热播的宫廷剧都是这样的套路，直到今天我们的大众审美仍旧停留在这样一个水平。所以可以想见，在没有人性启蒙作为支撑的年代，曹雪芹让黛玉这样一个小姑娘，做出这一种颠倒的价值判断是多么振聋发聩的声音！

一个女人的价值，或者说一个人的价值，不在于完成某种宏大的历史使命，而仅仅是完成自己的生活。我觉得这就是《五美吟・西施》这一首小诗传达给我们的理性的声音。

再来说一下“儿女之真情”。以往有说儿女故事的吗？当然有，如《西厢记》,《桃花扇》,“三言二拍”，好多。但注意，这些只能算男女之间的故事，是一种套路，而不是“真情”。小说第一回通过茫茫大士之口批评这一类书：

若至佳人才子等书，则又千部共出一套，且其中终不能不涉于淫滥，以致满纸潘安、子建、西子、文君……又必旁出一小人其间拨乱，亦如剧中之小丑然。

（《红楼梦》第一回：甄士隐梦幻识通灵　贾雨村风尘怀闺秀）

那曹雪芹要写的“真情”是什么样子的呢？我觉得是人天真本来的样子，具体来说是未经历史污染过的人的样子，直承创世之初，从天地鸿蒙而来，从女娲而来，从大荒山无稽涯而来的生命本来的样子。

我觉得曹雪芹刻意地要把整个故事从历史之中剥离出来，从时间中剥离出来。不要去面对具体的帝王将相，不要去面对一朝一代的得失成败，而是直面人在宇宙之中本身的处境。看看在历史之前，在时间之外，我们是谁，我们为何而来？他在追问创世之初人本真的姿态。按照《红楼梦》的语境，我们或许可以这样回答：我们是草木，是石头，因为心中生了情，于是化而为人，我们为情而来，为还泪而来。

《红楼梦》是诗与美的国度。如果我们认可人应该尽可能地去追寻一种“诗意栖居”的生活状态，那么《红楼梦》为我们提供了丰富的生活样本。如果说“诗意栖居”是一种带有高度哲学意味的概括，那么《红楼梦》为我们打开了关于诗意的无限细节。我们由一维的概念走入三维的空间，由哲学的抽象走入文学的具象；跳出机械的无情的历史，跳出工具化的宿命，走近一个一个具体的血肉丰满、有情有泪的人。这一种展现是不可思议的，最不可思议的地方就是它完成了对人的展现。

人们常会误解，以为家国、历史语境大于生命语境。其实正好相反，是生命语境大于家国、历史语境。《红楼梦》是关于人的生命如何保持它的本真本然、人的尊严与价值如何实现、人如何“诗意栖居于地球之上”（荷尔德林语）的普世信息。

刘再复先生曾说,《红楼梦》是他的精神祖国，是他的“圣经”。对我而言，似乎也是如此。经常有朋友问我是否有信仰，我对宗教大多心怀好感（我的妈妈是一名虔诚的佛教徒），但都无法贴心贴肺地去相信，或许是因为见识尚浅，或许是因为不曾经历绝望苦难，如果一定要说信仰，我的信仰大概不在神，而在美,《红楼梦》就是这样的美的载体。

有《红楼梦》在，我们的生命永远不会缺少美，我们的灵魂将永远不会缺少温馨。

（本文是作者在 2017 年 9 月 8 日给高一全体学生做《红楼梦》导读讲座的发言稿）

英豪阔大宽宏量

——说说史湘云

我在很多场合都说过，《红楼梦》中我最喜欢的姑娘是林黛玉，喜欢她的颖慧、自尊、清高、任情恣性。我在少年时代想象自己的伴侣，多多少少把黛玉作为理想的投影，我盼望自己的另一半像她一样超凡脱俗，在诗与美之中度过一生。即便这样的人生要付出悲情的代价，我对这悲情也抱着一种欣赏审美的态度。

那么，假如我有一个女儿，我是否愿意自家女儿长大后像林黛玉呢？当然不愿意！她没哭坏眼睛，我爱人和我自己先哭坏掉了，真要心疼死的！美不美、聪明不聪明不要紧，我对孩子第一等的要求是健康——身体健康与心理健康。脸色必须红润，走路带风，成天开开心心的，什么时候都能吃得下睡得香……像史湘云一样，“英豪阔大宽宏量”，英气爽人，豁达乐观。

以遭遇而言，史湘云和林黛玉其实差不多，甚至比林黛玉更糟糕。“襁褓之间父母违”——她一出生爸爸妈妈就没了，从小寄养在叔叔婶婶家里。“纵居那绮罗丛，谁知娇养？”大户人家有规矩做底子，一般不至于明着欺负她，但她绝对不会享受到温情和宠爱。对一个孩子来讲，家庭的爱是最重要的，孩子心理是否健康很大程度上取决于她自幼得到的爱是否完整。有很多在单亲家庭长大的孩子陷入孤僻忧郁的困境，是因为他小时候得到的爱是残缺的。那么史湘云呢？自幼父母双亡，她连残缺的爱都没有，她没有家，只是生活在一个富贵的家族，住在恭侯府邸里。她是一个完完全全的孤儿。

不仅缺爱，史湘云还缺钱。有一次，薛宝钗私下里跟袭人说：“那云丫头在家里竟一点儿作不得主。他们家嫌费用大，竟不用那些针线上的人，差不多的东西多是他们娘儿们动手……见没人在跟前，他就说家里累的很。我再问他两句家常过日子的话，他就连眼圈儿都红了，口里含含糊糊待说不说的……上次他就告诉我，在家里做活做到三更天，若是替别人做一点半点，他家的那些奶奶太太们还不受用呢。”（《红楼梦》第三十二回）

史家是钟鸣鼎食之家，一个侯府千金做女红做到半夜三更，当家的长辈还经常给脸色看，要好的姐妹一问眼睛都红了。多可怜的史湘云！

史湘云喜欢到贾府去，大半是源于自家的这种氛围。她在叔叔婶婶家里，没有爱，只有劳作、冷眼。所以一到大观园，她就开心得不得了，跟度假似的。看她到贾府来：

且说宝玉正和宝钗顽笑，忽见人说：“史大姑娘来了。”宝玉听了，抬身就走。宝钗笑道：“等着，咱们两个一齐走，瞧瞧他去。”说着，下了炕，同宝玉一齐来至贾母这边。只见史湘云大说大笑的，见他两个来了，忙问好厮见。（《红楼梦》第二十回）

“大说大笑”，爽朗大气；“厮见”，感觉是梁山好汉见面才用的词。她来的时候，是这样的开心。而离开贾府回家，则是另一番画面：

“忽见史湘云穿的齐齐整整的走来辞，说家里打发人来接他。宝玉林黛玉听说，忙站起来让坐。史湘云也不坐，宝林两个只得送他至前面。那史湘云只是眼泪汪汪的，见有他家人在跟前，又不敢十分委曲。少时薛宝钗赶来，愈觉缱绻难舍。还是宝钗心内明白，他家人若回去告诉了他婶娘，待他家去又恐受气，因此倒催他走了。”（《红楼梦》第三十六回）

“眼泪汪汪”，心里不舍，还不敢表露出来——“不敢十分委曲”。黛玉的身世固然也可怜，但确实比湘云的处境要好得多。黛玉虽然寄人篱下，但是从不缺乏爱。外祖母贾母疼她，宝玉更不用说了，成天围着她转，百般讨好。而且，黛玉不用干活，像湘云那样做活做到三更天的日子，她是没有经历过的。有一回，湘云问袭人，为什么不叫黛玉给宝玉做鞋子啊，袭人说：“他可不作呢，饶这么着，老太太还怕他劳碌着了，大夫又说好生静养才好，谁还烦他做？旧年好一年的工夫，就作了个香袋儿；今年半年，还没见拿针线呢。”（《红楼梦》第三十二回）一年时间就做了一个香袋，林妹妹真是好傲娇啊！还有呢，黛玉也不缺钱，燕窝这样的奢侈品虽然吃不起，但平常打赏下人的小费还是可以随便给的，比湘云有钱多了。

不难想象，湘云在家里是在劳累、乏味、拘束、冷酷之中度过的。林黛玉在大观园的生活，她自己感觉是“风刀霜剑严相逼”；而在史湘云看来，林姐姐幸福得天天跟度假一样，而且是超豪华的度假！从这个意义上来讲，林黛玉在史湘云跟前，真是连哭的资格都没有。

这样一个可怜的女孩子，从一般成长规律来说，是很容易滑入阴暗、偏狭、孤僻的黑洞中去的。但是，史湘云却像一个小小的太阳，在命运冰冷的夹缝中喷薄而出，不仅支撑起自己健康的人格，还能给别人带去温暖和快乐。现实中，很多人生活中什么都不缺，但总是一脸全世界都欠他的表情，而史湘云是相反的，老天爷带走了她的父母，她没有了家，更没有家庭的爱。但是，她非但没有表现出人格的缺乏，而且还能溢出那么多生命的热情去感染别人，凡她所到之处一片欢声笑语：她穿男孩子的衣服扮成假小子，大家笑了；她醉后卧倒在芍药茵上，大家笑了；她喝酒划拳、割腥啖膻，大家又笑了……她跟谁都心无芥蒂，跟谁都是好姐妹。姐妹有难，她就充当聂政荆轲（黛玉这么说她）；邢岫烟被欺负了，她吵吵嚷嚷地要去打抱不平，冲出去要"骂那起老婆子丫头一顿，给你们出气"。即便不是姐妹，即便是袭人、鸳鸯这样的丫鬟，她也丝毫没有小姐的架子，有一回她还说要给袭人做鞋子。有点好东西，她也想着鸳鸯、袭人，得了几个漂亮的小戒指，还特意包了带到大观园，给她的袭人姐姐、鸳鸯姐姐。但凡对她好的，她都拿出一片真心来对别人好，根本不管人家是什么身份。

曹雪芹说湘云"英豪阔大"，她似乎天生就有一股饱满健康的生命力量，这样的小姑娘多可爱啊！作为读者，我们不仅要欣赏宝玉、黛玉的任情和超越，还要欣赏湘云的健康和正常。任情是艰难的，在人群中生活怎么能不顾及他者呢？超越也是艰难的，常常要站到整个世界的背面，千千万万的人都往一个方向去，你要转过身来，独自一人披荆斩棘往相反的方向去。这需要何等强悍的精神力量！这样的人生活得精彩，但往往也很痛苦。那么，作为普通人，我们是否可以寻找到一条不那么痛苦的道路呢？一方面，我们能保持向上的追求，不堕入污秽的泥潭里面；另一方面，也不会生活得太另类，不需要跟整个世界反着来。我觉得湘云为我们提供了很好的样本。

湘云在根本上是不拒绝世俗的价值判断的，她和宝钗一样，也劝宝玉要走"仕途经济"道路。宝玉发脾气叫她走，还说这是"混账话"。那么，湘云很热衷"仕途经济"吗？未必，她只是觉得这是必须要做的事情，就像学生必须好好学习天天向上一样。从湘云平日的言行来看，不见得她对男人修齐治平有多少发自内心的喜爱。宝玉的独特在于，他敏锐地发现，为追求"仕途经济"学的那些东西，很多是垃圾，只会让人越学越蠢。同样这个问题摆在现在的家长面前，家长明明知道内卷的应试教育对孩子的伤害，但你有勇气叫孩子别写作业吗？你有勇气让他妥妥地做一个差生吗？很明显，绝大部分家长是没有这样的勇气的，我们只能迎合世俗的要求，让孩子好好上学，认真写作业。这种对世俗的妥协和接纳，是我们寻常人等立足于社会的一个基本前提。从这一点上来看，湘云和我们一样是不能免俗的。所以，虽然周汝昌先生认定史湘云是《红楼梦》第一女主角，但不管怎么说，我认为这都是不可能的。史湘云没有办法跟宝玉“同频共振”，第一等的爱情，必定是精神世界的高度契合，而不仅仅是柴米油盐的日常温情。

但是，接纳世俗并不意味着我们要削尖脑袋往最讨好的地方钻，也不意味着我们应该放弃自己的品位和人格。在接纳的前提下，我们依然可以往更高的地方去眺望、去努力，而不是一味地匍匐在庸俗的地面上，这种接纳和努力之间就构成了一个非常活泼的空间。纵观《红楼梦》全书，史湘云其实表现出了很强的对庸俗日常的叛逆，“是真名士自风流”，她着男装、堆雪人、放炮仗；“唯大英雄能本色”，她醉眠芍药茵，她雪天烤鹿肉。很多人以为，所谓的“名士风度”，应该走怪诞的路子。其实不是的，有些怪诞根本就是装模作样、浮夸炫耀。真正的名士只要做到一点就可以了——保持本色。别人都装模作样你不装，你率性自然，这就是名士！

史湘云是从不伪装的，她时时刻刻保持本色，自然而然。比如，大观园里谁都不敢跟黛玉吵架，她不爽就吵了，优伶龄官长得像黛玉，众人不敢说，湘云就脱口而出。别人文绉绉地玩古雅的射覆，她嫌射覆“垂头丧气闷人”，就跑去划拳，简断爽利，三啊五啊乱叫。最经典是“脂粉香娃割腥啖膻”一回，黛玉说：“那里找这一群花子去！罢了，罢了，今日芦雪广（yǎn，因岩架成之屋）遭劫，生生被云丫头作践了。我为芦雪广一大哭！”湘云就说了：“你知道什么！‘是真名士自风流’，你们都是假清高，最可厌的。我们这会子腥膻大吃大嚼，回来却是锦心绣口。”湘云是芦雪广当之无愧的女一号，大放光彩！

相对于宝黛“精神向度的大叛逆”，湘云这一种可以称之为“行为向度的小叛逆”，如果说精神向度的“大叛逆”颠覆成王败寇、经邦济世的历史逻辑，把人当成唯一的目的和意义，那么湘云行为向度的“小叛逆”则为我们展现出一个活生生的人，人的真挚可爱的生活趣味。我们不一定非常有思想、有抱负，也搞不清楚生命的意义、历史的真谛，更不知道人类的福祉在哪里，那我们除了努力赚钱、辛苦养家之外，还能追求些什么呢？追求趣味！尽可能让生活有趣起来！湘云活泼泼地为我们展现出一种正常、健康、有趣的美，曹雪芹说她是“霁月光风耀玉堂”，我觉得她简直就是一个小小的太阳。

对文学人物的审美是一个复杂的话题，但近些年我们的审美是有误区的，市面上好多小说，刻意要去追寻那种黑暗、变态的东西，似乎非如此不足以表现作者的敏锐与深刻。有些人觉得健康和正常是理所应该的，一个人的精彩应该要有超越或者颠覆健康与正常的东西。其实健康与正常本身就是一种美，在一个普遍扭曲的社会中，坚持正常与健康的人格是一件非常了不起的事情，当然也是非常艰难的事情，背后必须有一种饱满而又温暖的生命力量作为支撑，这是充满力量的美！湘云的身上就充分体现了这一种美。作为芸芸众生的一员，很难做到黛玉似的超凡脱俗，那么，我们可以像湘云一样，为正常、健康、有趣而努力！

霁月难逢，彩云易散

——《红楼梦》中的晴雯

各位老师、各位同学：

大家中午好！

很荣幸受院团委宣传部的邀请，来和大家分享我阅读《红楼梦》的一些感受。今天我只讲一个人——晴雯。

法国哲学家卢梭说过，人自以为是一切的主人，却比一切更像奴隶。但《红楼梦》中有一女儿，她身为奴隶，却心似主人。她就是晴雯。

我大概是小学六年级开始看《红楼梦》，老实讲，我上大学之前一直不太喜欢晴雯，我喜欢平儿、紫鹃那样善良温柔的女孩子，晴雯对于我来说有点太厉害、太嚣张了，尤其见不得她拿“一丈青”扎小丫头。

像我一样见不得晴雯嚣张的还有王夫人，有一回王夫人进园子，看见晴雯骂小丫头，非常厌恶，后来晴雯被逐就与这样的印象有关。王夫人是害死晴雯的元凶，晴雯的一举手一投足在她眼里都是丑陋的，连美貌也是缺点，是活脱脱的狐狸精。

仅王夫人这么看吗？不是的，讨厌晴雯的人太多了，王善保家的就说她：“仗着她生的模样儿比别人标致些，又生了一张巧嘴，天天打扮的像个西施的样子，在人跟前能说惯道，掐尖要强。一句话不投机，他就立起两个骚眼睛来骂人，妖妖趫趫，大不成个体统。”（《红楼梦》第七十四回）

其实，这段评价对晴雯来说还算中肯，她就是像西施一样漂亮，又能说会道，又百般要强，骂小丫头那是三天两头的事情。这老婆子话说得恶毒，但确实没有造谣诬蔑。我觉得这一段话很能代表当时多数人对晴雯的看法。

但是，在宝玉的眼里，晴雯完全不是这样的。晴雯死后，宝玉在悼念她的《芙蓉女儿诔》中说：

“其为质则金玉不足喻其贵，其为性则冰雪不足喻其洁，其为神则星日不足喻其精，其为貌则花月不足喻其色。”（《红楼梦》第七十八回）

美貌自不用说，宝玉看到的是她高贵的灵魂、洁白的人格和飞扬的神采——简直是光芒万丈的女神！

为什么会有这么巨大的反差？人世间有诸多无可奈何，有时候人跟人之间的差异比人跟兽之间的差异还要大，不一定因为人的邪恶，也可能是因为人的愚蠢。我们生而为人，从一开始天真纯洁的眼睛，慢慢地蒙上世俗的灰尘，一层又一层，到完全成年，眼垢就像铁甲一样的沉重，于是审美为丑，嫉善如仇。

我们来看一下晴雯为什么要打小丫头。怡红院中有一名叫坠儿的丫头，偷了个镯子，这毕竟是件丑事，一般也不好叫嚷出来的，但是被晴雯知道了，不得了：

“一把抓住坠儿的手，向枕边取了一丈青，向他手上乱戳，口内骂道：‘要这爪子作什么？拈不得针，拿不动线，只会偷嘴吃。眼皮子又浅，爪子又轻，打嘴现世的，不如戳烂了！’”（《红楼梦》第五十二回）

这还不算，也不问宝玉、袭人，直接自作主张炒了坠儿的鱿鱼，赶出大观园。

这一段话今天看来我都觉得肉疼，下手太狠。想想坠儿小姑娘真是可怜。晴雯残酷吗？当然残酷，当然过分，曹雪芹的伟大就在于他从来不避讳人的缺点，他不会把心仪的姑娘写成一个个傻白甜。每个人都有缺点，连黛玉也不例外。我们看这样高贵的生命就好比看一颗颗璀璨的宝石，不能盯着里边的瑕疵，而应该看它耀目的光芒。在晴雯残酷的背面，我们要看到她极为敏感、极为严肃的自尊！为什么别人无可无不可，而唯独她会有这么剧烈的反应？因为她见不得人自甘堕落，她见不得一个奴才干出不尊重自己的事情来，一种强烈的尊严感让她无法忍受别人的自轻自贱，于是抓过来就打。

这种尊严感始终伴随着晴雯。有一回宝玉房中的丫头秋纹，给王夫人送了点东西过去，王夫人一高兴就赏了她两件衣裳，秋纹回来高兴得不得了。晴雯笑道：

“呸！没见过世面的小蹄子！那是把好的给了人，挑剩下的才给你，你还充有脸呢。……要是我，我就不要。把好的给他，剩下的才给我，我宁可不要，冲撞了太太，我也不受这口软气。”（《红楼梦》第三十一回）

多厉害！宁可冲撞掌握她身家性命的主人，也不愿意低人一等！反观秋纹就不是这样子的了，她说：

“哪怕给了这屋里的狗剩下的，我只领太太的恩典，也不犯管别的事。”

秋纹的话让人有几分瞧不起，但说的却是大实话。作为一个奴隶是没有资格跟主人挑三拣四的，要么服从，要么滚蛋。不仅不能挑选，不能抗议，而且不管领受什么样的命运，都要谢主子的恩典，这才是一个好奴隶的行为规范，即便今天依然如此。但是，这一套规范在晴雯身上是行不通的，她瞧不起秋纹，当笑话一样看她。在她嘲笑秋纹、嘲笑袭人的同时，她嘲笑的是一切把自己看低一等的人。

在怡红院谁都休想治她，就是宝玉说她两句，她都能立刻翻脸，一点没个丫头的样子。有一回她跌坏了扇子，宝玉心情不好，骂她蠢材：

“晴雯冷笑道：‘二爷近来气大得很，行动就给脸子瞧。前儿连袭人都打了，今儿又来寻我们的不是。要踢要打凭爷去……要嫌我们，就打发我们，再挑好的使，好离好散的倒不好？’”（《红楼梦》第三十一回）

把宝玉气得浑身乱战。大观园里能这么尖刻地怄宝玉生气的除了她大概也只有黛玉了。

抄检大观园的时候，最威猛的有两个人，一个是三姑娘探春，甩手就给王善保家的一个耳光，还有一个就是晴雯：

“只见晴雯挽着头发闯出来，豁啷一声，将箱子掀开，两手提着，底子朝天，往地上尽情一倒，将所有之物尽都倒出。”（《红楼梦》第七十四回）

脾气大得不得了。可黛玉什么身份？探春什么身份？晴雯又是什么身份？黛玉、探春多少有耍性子、发脾气的资格，晴雯有吗？比如你敢跟老板掀桌子吗？你敢说：老板你最近脾气大得很，动不动就给我脸色看，你要嫌我，有本事把我辞了呀，大家好聚好散……你敢这么说吗？你得罪了一家老板，大不了跳个槽再找一家，晴雯不是的，她自小在贾府长大，娇生惯养的，一旦被撵出去，没爹没妈，基本上就是死路一条。

即便如此，她也是该发作就发作，想让她卑躬屈膝地由着人欺负，那真是门儿都没有！有时候想想真替晴雯着急，她丝毫不知道要为自己的将来打算，绝不迁就、绝不迎合、绝不攀附。她不管明天，只管生龙活虎地活在今天。

麝月有天开玩笑地说她：“你今儿就别装小姐了。”是的，晴雯从来不把自己当丫头，她比小姐还小姐！比起迎春的懦弱、惜春的冷漠，晴雯是何等的神采飞扬！她似乎从来不知道什么叫作尊卑贵贱，在袭人跟前，她跟袭人是对等的；在宝玉跟前，她跟宝玉是对等的；就是在王夫人面前，她也不卑不亢，绝不摇尾乞怜。所以曹雪芹说她是“心比天高”！

然而可悲的是，这样高贵刚强的灵魂被困厄于奴隶的命运之中，即使暂时托庇于宝玉，托庇于尘世之外的大观园，她终将要为这一种世所不容的强烈的反差付出代价，这代价就是死，而且是极为凄凉、极为惨烈的死！

王夫人说她是狐狸精，勾搭宝玉，横眉怒眼地将她赶了出去。晴雯是什么人？她会低三下四地去勾搭人？真是天大的冤枉！晴雯但凡肯用点心思勾搭一下宝玉，上上下下讨好一下当家的主子，大概也不是这样的下场。而王夫人是规矩中的人、模子里的人，被社会规则扭曲了天性，她已经完全看不懂晴雯这样未经改造的自由人。就像在缠足的年代，天然的脚丫子被认为丑陋无比，嫁人都嫁不出去。而王夫人就是这样一个灵魂被“缠足”的人。她看不惯晴雯倒不是因为邪恶歹毒，而是因为愚蠢。

我们冒昧地揣测一下，晴雯和袭人两个人，论相貌自然是晴雯更胜一筹，论性情，也是晴雯跟宝玉更投缘，袭人总归隔三岔五要唠叨宝玉两句。都说晴雯就是黛玉的影子，连相貌都有几分相似，宝玉这么爱黛玉，岂有不爱晴雯偏爱袭人的道理？但凡晴雯有点功利之心，在这件事情上多少用点心思，大概袭人也不是她的对手。但是，这位小姑奶奶成天把袭人百般奚落，对她和宝玉的那些“鬼鬼祟祟”的事情心知肚明却根本看不上眼！

而这样高洁的一个姑娘，却被泼了满身的污水。即便在今天这样一个开放的社会，被泼污水也是万般难堪的，在那个时候更是直接要命的事情，金钏就是为此跳井的。所以当宝玉偷偷溜出来看她的时候，她抓着宝玉的手说：

“只是一件，我死也不甘心的：我虽生的比别人略好一些，并没有私情密意勾引你怎样，如何一口咬定我是个狐狸精！我太不服！”（《红楼梦》第七十七回）

那么晴雯是想在临死之前抓着宝玉洗刷冤屈吗？绝对不是的。只是心里委屈，不得不说。最后关头晴雯勇敢极了，她把自己的指甲剪下来交给宝玉，还跟宝玉互换贴身的内衣——这事情按理法是绝对不行的，简直坐实了狐狸精的恶名。但这是轻浮吗？不是的，这是一片赤诚！天地可鉴！

“回去他们看见了要问，不必撒谎，就说是我的。既担了虚名，越性如此，也不过这样了。”（《红楼梦》第七十七回）

晴雯临死关头把礼法一脚踢开，很多人活着要追逐现成的好处，死了又想要留下好的名声，她反其道而行之。如果说之前的“不愿勾搭”是出于内心的高贵和不屑，那么临死之时，晴雯不顾一切地拿出一腔真情，不计诽谤、绝无功利、绝无企图，而完全以赤诚之心和宝玉肝胆相照！这是何等耀眼的生命光辉！

曹雪芹说晴雯是“心比天高”，这个“高”绝对不是功利心企图心攀高枝的高，而是人格的高洁，灵魂的高贵！是生为奴隶而绝无半点奴颜媚骨，是襟怀磊落，霁月光风！这样的晴雯是大观园中一等一的美丽生命，是我们两千多年混浊的历史中极为稀有的奇葩！我们现在好多人，据说已经是主人翁还是接班人了，那我们扪心自问跟晴雯比一比，谁更像奴隶？谁更像主人？今天做了主人的我们，配不配给这么一个不知天高地厚的小丫头提鞋子？

如果说黛玉的高洁毕竟有那么多的诗书作为依托，毕竟有庄子和陶渊明当她的老师，毕竟有那些古往今来伟大的灵魂与之相应和，那么晴雯的高贵简直横空出世，浑然天成。她是一个天生的自由人，仿佛来自伊甸园，来自一切生命刚刚诞生的地方，而不是等级森严的人世间。有人说，晴雯之所以命薄是因为她不知道自己只是个丫头，难道一个人应该知道自己是奴隶并且坚定地恪守奴隶的准则吗？一个人不知道自己是奴隶，恰恰是因为，她只知道自己是一个人，一个健全完整、生而自由的人！

谢谢大家！

（本文系作者应校团委之邀于 2018 年 10 月 26 日在逸夫楼做讲座的发言稿）

山中高士，世外仙姝

——2020届高三语文读本《解味红楼》代序

“山中高士晶莹雪”，是曹公对宝钗的认识和评价；“世外仙姝寂寞林”，是曹公对黛玉的称许和体贴。

我想，我是认识宝钗和黛玉的。

我说这话有很讨人嫌的自负感，熟悉《红楼梦》的人太多了！我算老几呢，敢说别人不认得宝黛而偏偏我认得？西谚云：“一千个人读哈姆雷特就有一千个哈姆雷特。”这话是对的，但是，此一种“认识”与彼一种“认识”不同。

我无比地同意每一个人以自己独特的感受去应和文学人物的心灵。我反对的是以廉价的道德立场给丰美的生命贴标签，特别是针对宝钗，给她贴上诸如“伪善”、“心机”甚至“腹黑”这样低端的标签。我也反对以狭隘的阶级立场粗暴地区分小说中那些丰盈的心灵，特别是针对黛玉，简单地认为她是反封建的先驱人物，她和宝玉扯起了反封建的大旗，真是胡说！

一个读者，可以由不同的方向去解读书中的人物，但如果跟随俗流，以小人之心度君子之腹，以简单逻辑代替生命体贴，那就只能说明水平不够。宝钗、黛玉都是这样被严重误解的人物。我对《红楼梦》的一种最基本的态度是仰望的态度，这大观园是我们混浊、罪恶的历史淤泥之中绽放的一朵奇葩——一个跟我们习以为常的暴力逻辑截然对立的理想国，是爱与美的国度，是诗与真的国度。这国中的女儿们，其形容举止，其人格风采，都不是我们一般俗人可以站出来冷眼鄙视的。

在解读宝钗之前，我需亮明自己的身份。《红楼梦》的读者群体中，向来有“钗党”和“黛党”之分。如果一定要站队，那么我是“黛党”的坚定成员。我更喜欢黛玉，我对黛玉的认同真可谓深入心灵。但我所理解的黛玉绝不是站在真与美的一端去否定宝钗的假与恶，而是，黛玉绝无仅有地完成了对宝钗式的完美人格的超越，让我们见识到在世俗完美的道德之上还有更高的灵魂的风景。如果我们看不懂宝钗的好，那就更无法懂得黛玉的好。

山中高士晶莹雪
——用《临江仙·柳絮词》认识宝钗

为了更精练地解读宝钗，我们来读她的诗词，索性读一首让宝钗担了最多污名的词——《临江仙·柳絮》。

白玉堂前春解舞，东风卷得均匀。蜂团蝶阵乱纷纷。几曾随逝水，岂必委芳尘？

万缕千丝终不改，任他随聚随分。韶华休笑本无根。好风凭借力，送我上青云。

宝钗的笔力从容大气，这样的词别说女儿家写不出来，就是男人，没有几分真正的英雄气概也是写不出来的。好多人说这词写得心机，“送我上青云”露出了一心向上爬的庐山真面目。那是因为我们心里乌烟瘴气的东西太多了，对语言的感悟力也不够。这首词丝毫没有阴暗猥琐之气，倒是襟怀开阔，堂堂正正，一派昂扬向上的君子气概。下面我们就来见识一下宝姐姐的风采。

白玉堂前春解舞，东风卷得均匀。蜂团蝶阵乱纷纷。

中国的古诗词是很独特的，需要像嚼橄榄一样，细细咂摸。光读表面的意思，是远远体会不到诗词之妙处的。我们读古诗词，不仅要知道一个个字的意思，更重要的是感受那些字的温度、颜色、气质、情韵。举个粗暴的例子，“白玉堂”是富贵的，同样表示富贵譬如“黄金屋”，但传递的感受完全不一样。“白玉”比“黄金”更文雅，有君子气质。“堂”比“屋”要开阔，气象大。所以同样表示富贵人家，“白玉堂”三个字有一种高洁文雅的品格在里面。

那什么叫“解”呢？是“情切切良宵花解语”（《红楼梦》第十九回）的那个“解”。是懂得，是温柔的体贴。“春解舞”，春懂得、体贴柳絮要起舞的心，一个“解”字，充满灵气。这一句里面是有阳光的，白玉之堂，解舞之春，绝不会是阴云惨淡的，一定是和煦的，明亮的。所以这打头的第一句，非但没有丝毫的阴暗之气，而是一派堂堂正正的、明亮体贴风光。

正因为体贴，所以才跟着下面一句“东风卷得均匀”。这句好大的力气！那力气在哪儿呢？我们来看一下“均匀”两个字。我每天下班回家，我们家小朋友喜欢像小树懒一样倒挂在我的胳膊上，我把他提起来又慢慢悠悠地“匀速”地放下。控制“匀速”比快速往下一扔花的力气要大得多。所以，“东风卷得均匀”，均匀两个字有一种刻意控制的张力在里面。这东风多体贴，用均匀的力气托起柳絮，让柳絮在春光中尽情地起舞。恣意的、欢畅的，但又不急不缓，好一副从容不迫的气派！

不单单有力气，均匀两个字还大气得很。如果我们只着眼于几朵几团柳絮，那一定是不均匀的。我们都有过这样的体验，当你站在马路上，你觉得那个车子好乱、好烦人。但是，一旦到很高的楼上往下俯视，那些车子像被一根绳子牵着一样的整齐，充满秩序感。所以当宝姐姐说“东风卷得均匀”的时候，她一定是大视野地去观察、去描述，浩浩荡荡，漫天飞舞，是所有的柳絮在天地之间的一种存在状态，是整个春天的力量，是造化的力量，而不是着意去刻画那小小的一朵两朵的样子。

“均匀”，真大气象，真大力气！这一句别说宝钗是个姑娘，就是大男人，有几个能写得出来？

“蜂团蝶阵乱纷纷。”有人说是喻指柳絮乱纷纷。我觉得不必这么想，说好多蜂和蝶围着柳絮乱飞就够了。之前一句刚说了，柳絮被东风卷得均匀，不会紧跟着又说柳絮乱纷纷的，这有冲突。而且，说柳絮乱纷纷没什么意思。而一说蜂、蝶乱纷纷，那种春光里欢喜热闹的气氛马上就出来了。李商隐，“紫蝶黄蜂俱有情”，也以蜂、蝶来写春光。“乱纷纷”特别好，王国维说红杏枝头春意闹，一个闹字，境界全出。这里也一样，乱纷纷一来，简直春光无限！如果说前两句开阔大气，那么这一句温暖又可爱。

几曾随逝水，岂必委芳尘？万缕千丝终不改，任他随聚随分。

这两句分属于上下两阕，但我觉得意思是连贯的，所以放在一起说。后一句是对前一句的回答。这里在说柳絮的几种命运，有的随流水漂逝，有的零落在尘土中。几曾、岂必是互文。难道一定会“随逝水”吗？难道一定会“委芳尘”吗？难道一定要这么悲伤地看待命运吗？黛玉就有“叹今生、谁舍谁收”（《唐多令·柳絮》）这样让人悲伤的句子。宝姐姐说：“我想，柳絮原是一件轻薄无根无绊的东西，然依我的主意，偏要把它说好了，才不落俗套。”（《红楼梦》第七十回）那除了“随逝水”“委芳尘”，无人收拾的命运之外，柳絮还有什么样的可能呢？还能翻出什么样的境界呢？

我们来看下面两句，“万缕千丝终不改，任他随聚随分”。正是在这里，宝姐姐表现出寻常姑娘没有的英雄气概。我们先说一下古典的语言密码，譬如一说到“柳”，就要想到离别，折柳送别。所以这里很自然地就联想到聚散分离。这一句大概的意思是说：柳就是那个柳，任他聚就聚了，散就散了。这真是非常了不得的见地。为什么这么说呢？我们用别人的诗句做一个对照，看看能说出这种话的都是什么人。

我第一个想到的是陶渊明，“纵浪大化中，不喜亦不惧”（《形影神三首・神释》）。把自己的生命放任出去，不要执着于顺境还是逆境，不要患得患失，跟着造化风流水转，到哪里你就让它到哪里。“任他随聚随分”差不多就是这样的意思。聚有聚的活法，散有散的活法，不论聚散，人还是那么个人，柳还是那么个柳。

还有大名鼎鼎的苏东坡，他那首脍炙人口的《定风波》是这样的：

莫听穿林打叶声，何妨吟啸且徐行。竹杖芒鞋轻胜马，谁怕？一蓑烟雨任平生。

料峭春风吹酒醒，微冷，山头斜照却相迎。回首向来萧瑟处，归去，也无风雨也无晴。

这首词中，“一蓑烟雨任平生”“也无风雨也无晴”，跟“万缕千丝终不改，任他随聚随分”非常像，单看字面就像。晴也罢，雨也罢，聚也罢，散也罢，没有什么根本的差别。聚又怎样？分又怎样？柳不还是那个柳吗？雨又怎样？晴又怎样？你不还是这么个你吗？在这一个层面，我们的眼睛不再执迷于个体生命内部的欢喜悲愁，而是跳出个体生命，以造化的眼睛、以旁观的眼睛去看待自身的命运，看待万物的命运。如果跳不出来，那必定是晴雨有别、聚散有别的。

那陶渊明和苏东坡是何等样的人物！我们几千年的读书人数下来也不过就那么几个。而曹雪芹居然让一个姑娘家写出有这等见地的小词来，你还能说她见识浅薄、格调低下吗？如果一首小词还不足为证，那么我们再来读一读宝姐姐推荐给宝玉的一支《寄生草》：

漫揾英雄泪，相离处士家。谢慈悲剃度在莲台下。没缘法转眼分离乍。赤条条来去无牵挂。那里讨烟蓑雨笠卷单行？一任俺芒鞋破钵随缘化。

单从字面来看就是从苏东坡《定风波》里化出来的。意思境界也都相似。宝玉嫌点的戏太热闹，宝钗说："要说这一出热闹，你还算不知戏的。你过来，我告诉你这一出戏热闹不热闹……"（《红楼梦》第二十二回）可见宝钗对这支曲子的激赏。这哪里是热闹的曲子，简直一片通透豁达，宝玉差点儿就此参禅悟道了。若没有这里的"赤条条来去无牵挂"的铺垫，大概就没有小说最后"白茫茫大地真干净"的煞尾。任何一个人都不会喜欢他完全不认同的东西，宝钗喜欢这样的曲子正说明她骨子里有那样超越世俗的见识。这不是偶然的，曹雪芹说宝姐姐是"山中高士晶莹雪"（《红楼梦》第五回），他不可能给一个人品有问题的姑娘这样高洁的评价。在这一首《临江仙·柳絮》里，在她推荐给宝玉的曲子《寄生草》里，我们都可以看到她作为"山中高士"的品格和襟怀。而这一种高洁的品格恰恰就是曹雪芹对宝钗"山中高士晶莹雪"的设定。

那么，这是宝钗的全部吗？不是的。我们来看下面几句。

韶华休笑本无根。好风凭借力，送我上青云。

这一句忽然高亢起来，忽然翻出一种似乎昂扬向上的力气出来，这又是什么缘故？如果我们画出关于柳絮命运的一条线，这是一条不断上扬的曲线。由先开始的"随逝水""委芳尘"的悲戚，到后来的"任他随聚随分"的豁达，再到“送我上青云”的昂扬向上。但是，大家有没有发现,“任他随聚随分”和“送我上青云”是互相矛盾的。“随聚随分”不可能成为“上青云”的缓冲，就像陶渊明一旦“悟已往之不谏”之后他一定是说“觉今是而昨非”(《归去来兮辞》)，一定是说“托身已得所，千载不相违”(《饮酒》其四)，他不会再转身去追求“送我上青云”。那为什么宝钗在这里会忽然转身，忽然向上了呢?

正是在这里，我读到了宝钗的一个悲剧。首先我需要澄清的是，“上青云”绝对不可作宝钗想做宝二奶奶这样一种鄙俗的解释。如果这真的是一个很明显的有企图心的词，那么宝钗即便真这么想，她也绝对不会往诗词里面写。那“上青云”该怎么解?首先要肯定，这里确实透露出一种积极有为的抱负。我们常说“青云之志”。而“青云”本身是一个干干净净、光明磊落的词。但这一种高洁与“纵浪大化中”不同，它更倾向于有所作为，有所担当，有所成就。如果我们做一个简洁的概括，前一句“任他随聚随分”接近老庄，这一句“送我上青云”忽然又转身面向了正统的儒家。人生要有所作为，有所实现，要昂扬，要积极乐观，等等。

我觉得在这里，宝钗让自己做出了一种道德选择。或者说，做出了一种“政治正确”的选择。她不是不理解“任他随聚随分”的率真与潇洒，但是，她认为这样是不对的。世俗的教化告诉她面向庄禅是不对的，是要“移性”的。

“都是我的不是，都是我昨儿一支曲子惹出来的。这些道书禅机最能移性。明儿认真说起这些疯话来……我成了个罪魁了。”(《红楼梦》第二十一回)

这也还好，还有两段更让人难过的话是对黛玉说的：

“所以咱们女孩儿家不认得字的倒好。男人们读书不明理，尚且不如不读书的好，何况你我。就连作诗写字等事，这不是你我分内之事，究竟也不是男人分内之事。男人们读书明理，辅国治民，这边好了。只是如今并不听见有这样

的人，读了书倒更坏了。”（《红楼梦》第四十二回）

“你我只该做些针黹纺织的事才是，偏又认得了字，既认得了字，不过拣那些正经的看也罢了，最怕见了些杂书，移了性情，就不可救了。”（《红楼梦》第四十二回）

这两段话大概是翻遍整本《红楼梦》，宝钗水平最低、境界最低的话语。我高中时读《红楼梦》，觉得这样的话非常讨厌，现在不一样了，这真是让人非常悲伤的话语啊。

悲伤在哪里呢？一个人是何等渺小，一个时代的主旋律是何等浩浩荡荡不容置疑。站在那样的潮流面前，不要说对抗，不跟着走都是需要超拔的智慧、逆天的勇气的。宝钗是一个听得懂《寄生草》，写得出“任他随聚随分”的姑娘，但还是主动地向世俗道德低头，并且全身心地投入这样的潮流中。一个有山中高士一样晶莹品格的姑娘，最终还是不容任何挣扎与反思地被世俗道德的潮流吞没了！

那么，宝钗尚且如此，其他人又更待如何？在浩浩荡荡的主旋律面前，又有几个人能清醒地意识到那所谓的“道德”其实是不道德的？那所谓的“移性”其实是在向着人天然的本性追逐？除了宝玉、黛玉，翻遍整本《红楼梦》，找遍上下数千载，你还能找出几个这样的人来呢？寥寥数人而已！

我们所谓的虚伪，是以一种低的人格伪装成一种高的人格，譬如《笑傲江湖》中的“君子剑”岳不群。但说宝钗虚伪实在是冤枉，她恰恰是以一种高洁的人格去投入低俗的道德的怀抱，是压抑青春的生命，是悬置高洁的品格，而选择了非常世俗化的道德成就。从某种程度上说，宝钗是一个时代的完美榜样，是《红楼梦》里唯一的真正的君子——却唯独没有完成她自己。

这是一种何等深沉的悲哀。

世外仙姝寂寞林
——由《问菊》认识黛玉

我在各种场合宣称过：我是“黛党”（或称“拥林派”），我喜欢黛玉，甚至可以说，古今中外我看过的书中，要我选一个最喜欢的姑娘，就是林黛玉。当然，我喜欢她不是因为她没有缺点，我们“黛党”好多同学搞不清状况，非要塑造一个完美的黛玉，处处为她辩护，反倒弄巧成拙。黛玉的缺点明明白白地在那里，赖不掉的。譬如，她刻薄刘姥姥是“母蝗虫”，亏她怎么忍心！譬如，她成天给宝钗找碴儿，一看见宝钗不高兴，她就高兴，幸灾乐祸。又譬如，她特别爱显摆自己有才华，贵妃面前要显摆，自家姐妹作诗也要显摆……处处伶牙俐齿，时时尖酸刻薄。有好多“黛党”硬把这些缺点当成优点来看，什么不虚伪，什么叛逆精神，真是太胡说了。别人骂你是“母蝗虫”，你会觉得她这是不虚伪吗？人都是有缺点的，黛玉并不例外。

据说，真钻石一定有瑕疵，一定有杂质，人造钻石一眼看到底，没杂质的。黛玉就是一个真钻石，她是那样的真实，她的瑕疵也是那样的真实。曹雪芹之所以伟大，是因为他根本不会去回避这些瑕疵。但是，当我们面对这一颗珍贵的宝石，不能只用放大镜去挑里面的瑕疵来看，我们要看它璀璨的光芒。在我看来，我们沉重的历史如同夜空黑暗的底色，而黛玉的光芒是这夜空之中闪亮的小星星，她如此的纯粹，如此的高洁，那一种光芒寂寞而永恒。

千头万绪，无数细节，黛玉是说不尽的，我还是通过她的诗来理解她吧。

黛玉短暂的一生有一段无可比拟的华彩乐章，一次最完美的绽放——《红楼梦》第三十八回，姐妹们作菊花诗，黛玉夺魁。夺魁不稀奇，稀奇的是她作的三首诗，《咏菊》《问菊》《菊梦》包揽了前三名！

李纨笑道：“等我从公评来。通篇看来，各人有各人的警句。今日公评：《咏菊》第一，《问菊》第二，《菊梦》第三，题目新，诗也新，立意更新，恼不得要推潇湘妃子为魁了；然后《簪菊》《对菊》《供菊》《画菊》《忆菊》次之。”宝玉听说，喜的拍手叫“极是，极公道”。

这菊花诗会简直是黛玉一个人的嘉年华，其他所有人都不过是她的陪衬而已。这种安排是何等的不近情理！李纨又是何等大方周到的人，即便出于公正，给黛玉一个第一，第二、三名给湘云宝钗也是完全说得过去的，为什么非要把所有的荣耀加于黛玉一人？我觉得这是曹雪芹刻意安排的，他要在我们的传统之中为黛玉找到一个精神坐标——陶渊明！菊花是陶渊明的花，这种对应关系强烈到唯一专属的程度，如果说别的典故是一种“密码”，那么菊花之于陶渊明简直就是“明码”。黛玉的三首诗中的每一首，都是既在说陶渊明，又在说她自己，所以我们不妨把这一场诗的狂欢读作林黛玉与陶渊明的对话。

篇幅有限，我们今天只读其中第二首《问菊》。

欲讯秋情众莫知，喃喃负手叩东篱。
孤标傲世偕谁隐，一样花开为底迟？
圃露庭霜何寂寞，鸿归蛩病可相思？
休言举世无谈者，解语何妨片语时。

冷落清秋，千里寒色，读黛玉的菊花诗真别有一番滋味在心头。黛玉诗风简白，一派天然，“花谢花飞飞满天，红消香断有谁怜？”（《葬花吟》），“一年三百六十日，风刀霜剑严相逼”（《葬花吟》），“愿奴胁下生双翼，随花飞到天尽头”（《葬花吟》）……这种句子基本上就是白话，清水芙蓉，大有李太白的风采。这一首《问菊》也同样，字面没什么难解的，我先大致翻译一下：

欲讯秋情众莫知，喃喃负手叩东篱。

想问秋天的消息却没有人能知道，只好喃喃轻吟着去问东篱的菊花。

孤标傲世偕谁隐，一样花开为底迟？

这样孤傲的你啊，跟谁一起隐逸？同样是花开，为何你如此迟疑？

圃露庭霜何寂寞，鸿归蛩病可相思？

庭院里霜冷露重，你是否感到寂寞？

大雁南归，蟋蟀不语，你的思念又寄托给谁？

休言举世无谈者，解语何妨片语时。

不要说茫茫世间没有说话的朋友，

知音的人啊，一言片语就能深深地彼此安慰。

这些诗句是多么的贴心！藏在这诗行里的是一个多可爱、多温暖的灵魂！

常有人说黛玉是高冷的，确实，她不喜欢热闹，对人也不像宝钗那么体贴周到。但是，看到黛玉的冷是容易的，看到黛玉灵魂深处的体贴和温暖，这个才是有眼光的。这些年我越来越懂得黛玉的“冷”，为什么“冷”？因为没话说啊，“举世无谈者”，全世界都没个能说话的人，热不起来啊！

我读中学的时候话很多，跟湘云一样，叽叽喳喳说不停，现在越成熟越封闭，不到万不得已，不想参加任何聚会，陌生人面前除了礼貌，干脆连话都没有。我想我给人的印象一定不会很“热”，但是我“冷”吗？我觉得自己是个挺温暖的人，我的温暖一是在家人、朋友那里，二是在我的文章里。

我们懂得黛玉的“冷”才能感觉到她的温暖是多么的贴心。在这一首诗里，她是以最深的情感问候并且温暖那一个孤标傲世的人，这些问题个个贴心，她看起来是在问东篱的菊花，在问陶渊明，其实也是在问她自己。

陶渊明是何等人物？我们对于他其实是很隔膜的，一般把他当成田园诗人、隐逸诗人来看待。说句不客气的话，这真叫有眼不识泰山！这是一位逆天下而行的大英雄，是敢于抛开全天下的价值判断，执着完成自我之生命的大英雄，其精神气魄、其人格力量直追庄子！我们常说宝黛叛逆，而对于叛逆的理解是反封建礼教、反家族制、反父权等，这些其实是非常小儿科的，反不反都无所谓。真正的“叛逆”叛什么？叛的是全天下人视为理所当然的经邦济世的价值观念，叛的是为国为民为天下之类的宏大叙事、英雄叙事。像刘再复说的，这是一个华丽的转身，从家国天下转过身来面对自己，从群体回到个体，从建功立业回到生命本身的真善美，这是一种根本上的叛逆，是反向而求，这一个转身，把国家、天下、历史全部否定了。当我们想要领教这一种叛逆的时候，不寻求传统中的精神依托是不可能的，这种依托从何而来？对于黛玉而言，一是庄子，一是陶渊明。

所以，为什么黛玉会说“举世无谈者”？一个小女孩说这样的话是否有夸张的嫌疑？一点不夸张，对于陶渊明来说，全世界真没一个可以说话的人。“欲言无予和，挥杯劝孤影。”（《杂诗十二首》其二）想说话没有人啊，只好端起杯子劝自己的影子来喝一杯。何等的苍凉，何等的寂寞！

但是，事情的吊诡之处在于陶渊明死后成为一个标本、一种符号，一说到清高就把陶渊明往上贴，附庸风雅，热闹得很。在别人眼里的陶渊明都是这样一种高大上的标签，探春写的“高情不入时人眼，拍手凭他笑路旁。”（《簪菊》）潇洒得几乎有点造作。湘云的“数去更无君傲世，看来惟有我知音”（《对菊》），自信可爱，霁月光风，但是毕竟幼稚，只看到傲世的高洁，看不到苍凉寂寞。那这样的苍凉和寂寞有谁能体会呢？有谁感同身受呢？黛玉，只有黛玉。当别人看到高大上的标签的时候，只有她能看到标签里面的东西，那可真是百年孤独啊！为什么黛玉能看到？因为她也一样孤独，旷世的孤独。

孤独和孤独质地是不同的，这个词也因为被滥用而显得很俗气。有一种孤独是没有人陪，只要有人陪就不孤独了，我们芸芸众生的孤独一般都是这种层次的，但更深的一种孤独是独自在这个世界之外，为什么曹雪芹说黛玉是“世外仙姝寂寞林”（《红楼梦》第五回）？不单单因为她是仙草托生，形体不属于尘世，更重要的是她的灵魂自始至终都不属于尘世。这个世界熙熙攘攘的人追求的寻觅的那些东西她都不想要，还嫌脏。北静王的珠串，连宝玉都当宝贝一样看待的好东西，她说这什么臭男人拿过的东西，她不要。

那么，黛玉要什么呢？我觉得她要生命中的真善美，她要干干净净的生命本身，她要“质本洁来还洁去”（《葬花吟》），她要“碾冰为土玉为盆”（《咏白海棠》）。她用全部的生命力量去追寻一种纯粹的诗意，纯粹的美！除此之外，她的生命没有别的目的。所以她要葬花，她不能忍受那样美好的生命“污淖陷渠沟”，所以她会泣血一样地去追寻，“天尽头，何处有香丘”，何处有一个纯粹的没有污染的结局？这等于是在问，何处有一个干干净净的死！这一种追寻是不可思议的，以前的小说戏曲，好女人到最后能混个诰命夫人。到了今天，电视里演的那些女性最后往往是功成名就，成了皇后、太后、董事长，等等，所谓的成熟就是由清纯少女变成会要手段制服对手的猛人，都是这些。

黛玉是唯一的特例，她绝无仅有地把生命当成一场诗意的栖居、诗意的旅行！诗，是她短暂人生的第一主题，她的一生唯一完成的就是那些诗篇，当她的生命即将陨落的时候，她选择焚毁那些诗篇，从某种意义上说，诗与她的生命是等价的。当我们看到这些就会理解黛玉的孤独！

宝钗与黛玉，两个绝世的美丽女孩子，当她们面对生命最大的选择题：我这一生要完成什么？宝钗的选择，是完成世俗的道德，跟随千千万万人的大洪流一起去了。黛玉的选择，是完成诗意的人生。当她做出这样选择的时候，发现身边除了宝玉，一个人也没有了。什么叫孤独？孤独是你的选择跟这个世界相反。恰如庄子的选择、陶渊明的选择跟这个世界相反。庄子“独与天地精神往来”，身边没人了。陶渊明“挥杯劝孤影”，也没人了。黛玉还好，有个宝玉，宝玉也还好，有个黛玉。所以，我们要站在两个世界分流点上去遥望黛玉，去听一听她对陶渊明说的话：

你这样孤傲，有谁能陪你呢?

别的花都开了，该有的实实在在的赞美和收获也都有了，你为什么要开得这么迟?

天是那么冷，霜是那么深，露是那么重，你是不是感到寂寞?

大雁也走了，蟋蟀也没了，你孤孤单单的思念还能寄托给谁呢?

这是多么贴心、多么温暖的关怀啊！这又是多么苍凉、多么苦涩的问候！不是真正的知音不可能问出这样柔软入心的问题。这一种孤独，这一种孤独背后深深的温暖，但愿在滚滚俗世中的你我也能听得懂！

为什么要读《论语》，如何读《论语》

——《论语研读》自序

一、我们今天为什么要读《论语》

（一）认识作为一个中国人的“我”

古希腊圣城德尔斐神殿上刻有一句著名的箴言：“认识你自己！”这个命题贯穿于西方哲学数千年。

作为中国人，我们该如何认识自己呢?

自然是找到我们的传统，把我们放在传统的坐标中去认识自己。

历来就没有不属于某种传统的人，没有传统的人是不可思议的，他至少会因寂寞和百无聊赖而死去。的确，历史上现实中也曾见过没有传统的人，比如那些极端的个人主义者和浪漫主义者，不过他们最多只是热闹了一阵子，到后来却什么都没有干。

一个民族所遗忘了的，或者那些它至今为之缄默的，也许会是传统最隐秘角落的花影。但是，那些家喻户晓的东西，那些深入民族心灵的东西，或许才是构成传统的最沁人的芳香。

传统就在那里，如何进入传统，是对每个人的考验。任何方式的进入和接近传统，都会让我们找到自己，使我们变得成熟、温润和大度。

我们要进入传统，最需要怎样的方式？读《论语》！

李泽厚先生自言“远非钟爱此书”，但必须去译、注、记它，只因它是“有关中国文化的某种‘心魂’所在”。在其《论语今读》一书的《缘起》中，李泽厚先生说：

“我至今认为，儒学（当然首先是孔子和《论语》一书）在塑建、构造汉民族文化心理结构的历史过程中，大概起了无可替代、首屈一指的严重作用。不但自汉至清的两千年的专制王朝以它作为做官求仕的入学阶段或必修课本，成了士大夫知识分子的言行思想的根本基础，而且通过各种层次的士大夫知识分子以及他们撰写编纂的《孝经》、《急就篇》（少数词句）一直到《三字经》、《千字文》、《增广贤文》以及各种‘功过格’等等，当然更包括各种‘家规’‘族训’‘乡约’‘里范’等等法规、条例，使儒学（又首先是孔子和《论语》一书）的好些基本观念在不同层次的理解和解释下，成了整个社会言行、公私生活、思想意识的指引规范。不管识字不识字，不管是皇帝宰相还是平民百姓，不管是自觉或不自觉，意识到或没有意识到，《论语》这本书所宣传、所传布、所论证的那些‘道理’、‘规则’、主张、思想，已代代相传，长久地渗透在中国两千年来的政教体制、社会习俗、心理习惯和人们的行为、思想、谚语、活动中了。”

这是不刊之论。《论语》是“整个社会言行、公私生活、思想意识的指引规范”，是长久渗透在我们的骨髓和血液里的传统，是我们思想、文化的根，是我们情感、行为的根。

说到底，每个中国人都是儒家，不过程度深浅、自觉与不自觉、认可与不认可，情况各不相同而已。我们思在《论语》、言在《论语》，更行在《论语》（虽然我们不自知）；我们活在《论语》的光里，也活在《论语》的黑洞里；近百年来我们试图摆脱过《论语》（“打倒孔家店”“批林批孔”），但我们在《论语》里熏沐了两千年……

《论语》是我们心灵的胎记，是我们思想的源头，是我们生命的“梦魇”。认识我们自己，必须回到《论语》！

（二）做一个关怀现实的“我”

《论语·宪问篇》记有孔子在卫国的一个小故事：

子击磬于卫，有荷蒉而过孔氏之门者，曰：“有心哉！击磬乎！”既而曰：“鄙哉！硁硁乎！莫己知也，斯己而已矣。深则厉，浅则揭。”子曰：“果哉！末之难矣。”

孔子去鲁居卫，漂泊沦徙，有壮志难酬之憾，击磬以疏解。有荷蒉者过其门，闻其音，知其忧世之心，遂劝孔子避世，俯仰自如。这荷蒉者显然是隐士，也即孔子所谓“避世”之“贤者”，他的话语何其洒脱，颇类庄子“相濡以沫，不如相忘于江湖”！

然而，从孔子“果哉！末之难矣”的回答来看，孔子显然认为荷蒉者弃世逃责、全身远祸，不足道也。

朱熹评价孔子：“圣人心同天地，视天下犹一家，中国犹一人，不能一日忘也。”（《四书章句集注》）确为知己之言，孔子真是欲担荷天下道义于己身者也。

楚狂接舆见了孔子则歌：“凤兮凤兮，何德之衰！往者不可谏，来者犹可追也。已而已而，今之从政者殆而！”当孔子下车，欲与之言时，他“趋而去，弗得与之言”。

像荷蒉者、接舆这样的隐士，都将人世看得极清楚，认为世界不可拯救，故潇洒离去，斩截爽利，一点留恋也没有！可是孔子不行，他不是理智不够，而是情感太多、太浓，他对于人间太爱了，他不能避世独处。任何人的失败，都不足以动摇他的信心，什么样的打击和冷淡，也不足以熄灭他内心的热火。

可以说，对于天下苍生，孔子有一种忍不住的关怀！

正因这一种关怀，他明知“道不行”，也不肯离开（“欲居九夷”“乘桴浮于海”之类的牢骚是当不得真的），他热心救世到了不顾现实的地步。所以，时人评价他“知其不可而为之”（《论语·宪问》）。

对人类生存处境的介入、关怀，是孔子最伟大的精神。他的言语和行为，都告诉我们，人活着，不是与社会、与公众无关的自娱自乐，不是与人类整体命运无关的冷眼旁观。

今日之中国社会，充斥着精致的利己主义者，他们用机心、诈伪谋求一己私利，而于现实社会之民生毫无关切，于民众生命尊严毫无关切。

我们需要继承孔子的这一种关怀、这一份深情！

（三）做一个风姿挺秀的“我”

陈寅恪先生在《王观堂先生挽词序》中说：“吾中国文化之定义，具于《白虎通》三纲六纪之说，犹希腊柏拉图之所谓 Idea 者。”这曾让我十分困惑，陈寅恪先生崇尚“独立之精神，自由之思想”，竟以“三纲六纪”为中国文化最高之境，何也？直到读了吴学昭所写《吴宓与陈寅恪》一书中陈寅恪先生的一段自白，才恍然大悟：

“但在我辈个人如寅恪者，则仍确信中国孔子儒道之正大，有裨于全世界，而佛教亦纯正。我辈本此信仰，故虽危行言殆，但屹立不动，决不从世俗为转移。彼民主党派及趋时之先进人士，其逢迎贪鄙之情态，殊可鄙也。”

这是“此文化精神所凝聚之人”才会产生的一种民族身份识别、文化价值信仰。陈寅恪先生所处之时代，其自言“盖今日之赤县神州值数千年未有之钜劫奇变”(《王观堂先生挽词序》)，处于此时代之人，唯有“屹立不动，决不从世俗为转移”之文化信仰，方能风姿卓立，风骨刚健!

近百年来，国人经受过反传统思潮席地幕天似的侵袭，领略过欧风美雨无孔不入的浸润，扮演过或主动、或被动的各种角色后，已经完全乱了方寸、失了方向。在世俗的潮流里，如果没有灵魂加持，没有生命信仰，我们很容易被裹挟、被同化、被吞噬。而《论语》——作为中国人的“圣经”，就是我们灵魂的加持，就是我们生命的信仰，“本此信仰”，屹立不动，方能不被裹挟，不随着世俗潮流滔滔而去，做一个遗世独立、挺秀劲健的“我”！

（四）做一个心灵优游的“我”

元代艺术家倪云林有一联诗道：“喟然点也宜吾与，不利虞兮奈若何。”

此联颇有韵味。后一句说的是项羽虞姬事，姑且不论。前一句说的是孔门之事。孔子一日和弟子闲坐，子路、冉有、公西华等都各言其志：子路的理想是让一国之民英勇善战，而且还懂得礼仪大道（这一点自然是吹牛）；冉有的理想是管理一个小国，使老百姓过上富裕的生活；公西华的理想是做一名礼仪官员，推行礼仪教化。而此时，曾点正在鼓瑟，听了孔子询问后，方舍瑟而言：“莫春者，春服既成，冠者五六人，童子六七人，浴乎沂，风乎舞雩，咏而归。”也就是和小伙伴们一起沐浴春风，唱着歌，高高兴兴回家去。孔子听完他的话，喟然而叹曰：“吾与点也。”曾皙所言，简直有王羲之兰亭燕集的风韵，乃是一种日常而又诗意的生活状态，它源自优游从容的心灵！其天光云影的气象、惠风和畅的格调、与天优游的境界，感染了一位时值暮年的老人。

这种心灵优游的生活状态，在《论语》中不止一见：

子曰：“饭疏食饮水，曲肱而枕之，乐亦在其中矣。不义而富且贵，于我如

浮云。”（《论语·述而》）

子曰：“贤哉，回也！一箪食，一瓢饮，在陋巷，人不堪其忧，回也不改其乐。贤哉，回也！”（《论语·雍也》）

这里自然透露了安贫乐道的忍耐力，但也有一种幽深远阔的生命情调。看似日常、看似平淡，但是无限深情蕴藏其间，它是那么真挚、那么饱满，它不需要轰轰烈烈，不需要惊天地泣鬼神，有一种诗意从最平淡的生活中萃取出来，让人温暖，让人动容。

还有那几个最有名最富诗意的比喻句：

子在川上曰：“逝者如斯夫！不舍昼夜。”（《论语·子罕》）

这自然是在感慨流水匆匆，不停流逝。可那流逝的，不也是我们的生命吗？随着生命一起流逝的，还有壮志、雄心、青春，朋友和亲人，友情和亲情……

子曰：“岁寒，然后知松柏之后凋也。”（《论语·子罕》）

这显然是对现实人生中某种珍贵品性的感慨和赞美。但是，他没有说人，没有说道德，他说岁寒之时——季节；他说青青松柏——植物。他用如此感性的句子，表述对人生如此理性的领悟。

孔子，真的是一个心灵从容优游的人啊，他的心里，满满的，都是诗意。

一个人有了优游的心灵，天光云影，从容坦荡。

二、为什么要对《论语》进行重新编排？

孔子是世界文化史上最有名的人物之一，他和苏格拉底、释迦牟尼、耶稣一样，是人类文明的标杆。人性的光辉、人类的高贵，就体现在他们身上。

作为东方文明的象征，或者“儒家文明”的象征，孔子得到了许多西方人的赞扬。譬如那个明朝就来中国传教的意大利传教士利玛窦，他说：“中国最伟大的哲学家是孔子。他所说的和他的生活态度，绝不逊于我们古代的哲学家；许多西方哲学家无法与他相提并论。故此，他所说的或所写的，没有一个中国人不奉为金科玉律；直到现在，所有的帝王都尊敬孔子，并感激他留下的遗产。”(《中国传教史》)

然而奇怪的是，与孔子其人所获得的极高赞誉不同，最能体现其思想的儒家经典《论语》却很少得到西方学人的赞扬。

法国启蒙思想家伏尔泰在《风俗论》中说：“我读孔子的许多书籍，并作笔记，我觉着他所说的只是极纯粹的道德，既不谈奇迹，也不涉及玄虚。”“他谦虚地探索，让人不要迷失于世界，让精神被理性之光照亮，他只用智者的身份说话，而不是站在先知的角度，然而我们相信他，在他自己的国家也是这样的。”在他看来，孔子是纯粹的道德倡导者，其谈论的命题类似于西方的“正义论”，而不是哲学。

德国哲学家康德认为孔子根本不是一位哲学家，而是一位道德导师，《论语》“不过是给皇帝指定的道德伦理教条”(《自然地理学》)。另一位德国哲学家黑格尔也认为，孔子的学说是一种“道德哲学”，“没有一点思辨的东西，只有一些善良的、老练的、道德的教训”，因而他觉得孔子只是“一位实际的世间智者”(《哲学史讲演录》)。

在这些西哲看来，《论语》只是一些平淡无奇的道德箴言，缺乏深度，而且其内容散乱，颠三倒四。为什么他们会有这样的看法呢？他们对儒家文明抱有偏见？他们在故意“亵渎圣贤”？自然不是的。

平心而论，《论语》对中国人而言，不也是内容杂乱，读之感觉一头雾水吗？

原因何在？

《汉书·艺文志》载：

《论语》者，孔子应答弟子时人及弟子相与言而接闻于夫子之语也。当时弟子各有所记。夫子既卒，门人相与辑而论纂，故谓之《论语》。汉兴，有齐、鲁之说。传《齐论》者，昌邑中尉王吉、少府宋畸、御史大夫贡禹、尚书令五鹿充宗、胶东庸生，唯王阳名家。传《鲁论语》者，常山都尉龚奋、长信少府夏侯胜、丞相韦贤、鲁扶卿、前将军萧望之、安昌侯张禹，皆名家。张氏最后而行于世。

据此可知，《论语》所载孔子的言行、思想，是由其弟子和后学记录编纂而成的，而我们今天读到的《论语》，实际上是汉代张禹编订的。

《论语》现存二十篇，篇题都是后人所加，取该篇首章的前两三个字，如第一篇篇题“学而”取自“学而时习之”，第十五篇篇题“公冶长”取自“卫灵公问陈于孔子”。篇题随意而取，篇中内容也率意放置，同一篇中，内容涉及方方面面，如“学而”篇不仅谈学习，也谈治国、慎终追远、孝、信等；又如“为政”篇不仅谈治国安邦，也谈学习、祭祀、孝、义等。

无怪乎西哲，国人都觉得《论语》篇目次序散乱、篇章内容杂乱了吧？它本来就未经孔子本人编订啊，它是孔子不同时期弟子的课堂笔记“集合”，又经不同的人编纂，绝非一本成熟之作。

鉴于此，笔者对《论语》进行了分类重组，拟了八个主题，每个主题为一篇，每篇从《论语》中撷取十五章，共计一百二十章（约占《论语》全书四分之一）。这八篇是：

仁礼篇　　纲纪篇　　教学篇　　修身求道篇

为政篇　　识人篇　　孔门弟子篇　　夫子其人篇

这些篇题相对较为简明，每篇撷取的内容也很统一，相信会更有利于初学者阅读《论语》。

余音

司马迁在《史记》中赞道：“‘高山仰止，景行行止。’虽不能至，然心乡往之。余读孔氏书，想见其为人。……孔子布衣，传十余世，学者宗之。自天子王侯，中国言《六艺》者折中于夫子，可谓至圣矣！”（《史记·孔子世家赞》）

《论语》中的夫子形象没有油彩，不管你怎么看他，他都那么望之俨然，即之也温，威而不猛，气定神闲！他把自己坐成了一道云卷云舒的风景，坐成了一座仰之弥高的山，坐成了一汪浩瀚无垠的海，坐成了一场可以说走就走且没有终点的生命漫游和精神旅行！

孔子和他那一帮可爱的弟子，在春秋的时空里，周转流徙，颠沛流离。但他们器宇轩昂地立于天地之间，守护着激情和梦想，担荷着责任和使命。的确令人有“虽不能至，然心乡往之”之感。

《论语》中孔子的言行，有的像雷光闪电一般开启一片精神的天空，有的像春天初绽的桃花一样散发温馨的芳香，有的则如云雾笼罩的崎岖山峰令人难以企及和进入……

自《论语》一书诞生以来，解读、评析的著作，可谓汗牛充栋。然而，无论是先贤，还是时贤，并无一人对孔子言论的所有解读可以得到世人的公认。笔者深知学识浅陋，自然更不会有此种妄想。对于本书内容，读者自然会仁者见仁、智者见智。或有方家，不吝赐教，则深谢之矣。

美国汉学家金安平先生在《孔子：喧嚣时代的孤独哲人》一书的序言中许了一个愿望：“即使我知道天底下没有永恒的事物，我仍希望文字是个中例外——若未能涵盖所有文字，至少希望经典与历史、古代诗文的字词、哲学家的言语以及孔子的言语能永远留存。我希望它们能牢牢地固定住，如此我们便能反复吟咏、再三玩味。”

但愿金先生的愿望可以成真！《论语》永在，如夫子感慨的江水，亘古如新。

我素所敬仰的史学大师钱穆先生说：“今天的中国读书人，应负两大责任。一是自己读《论语》，一是劝人读《论语》。”诚哉斯言也！

巴山梦长，雨声在野

——析李商隐《夜雨寄北》

我最喜欢的七言绝句是李商隐的《夜雨寄北》：

君问归期未有期，
巴山夜雨涨秋池。
何当共剪西窗烛，
却话巴山夜雨时。

关于诗人通过这首诗“对谁讲话”，我们似乎需要知道首句的“君”指的是谁。

有人说，这首诗是写给朋友的，给长安的朋友。当时诗人生活在巴地的梓州，而长安在梓州的东北方。“夜雨寄北”的“北”，就是北方长安的友人。

也有人说诗题当作《夜雨寄内》,“内”即“内人”，是古人谦称妻子的用语。这首诗是写给妻子的。

还有学者去研究李商隐的生平，发现李商隐在梓州写《夜雨寄北》的时候，他的妻子王氏已经去世两年了。

……

众说纷纭，莫衷一是。

其实，从一个读者的角度来说，我更愿意理解为，这首诗是李商隐写给妻子的。它的情感太绵密了，不像友人之间的情感。

君问归期未有期——

首句一问一答：你写信来，问我回家的日期，我不知该如何回答，因为我也不知何时能回去。

我们现代人生活在交通便利、通信发达的时代，离开家出个差，几点几分的高铁、飞机，都清清楚楚的，随时打电话，接站、接机的时间地点明确无疑。这一种确定性能够减去思念的大半，有一个准确的回家时间，意味着旅途是暂时的，漂泊是暂时的。那么试想一下，如果你的亲人出差了，不知道哪天能回来，那是什么样的感觉？“未有期”，没有终点，因为没有终点，那一种漂泊感就不是暂时的了，它变成一种永远存在的无奈和悲伤，如影随形。

巴山夜雨涨秋池——

接下来，诗人没有抒发自己的落寞、悲伤、思念，而是用“巴山夜雨涨秋池”这一“景语”来烘托自己无尽的愁思苦绪。李商隐有一种非常厉害的美的直觉，他的诗经常是跳跃的，他不是很在乎叙事逻辑，他在乎的是能否用最精准的语言抓取美的片段。前一句可能是收到了妻子的信，问他什么时候回去。

他不写自己收到这封信是怎样的心情，笔锋一转，写到窗子外面去了，窗外在下雨，那雨一定下了很长时间，绵绵不绝的，所以池子里水都涨起来了。从字面上看就是这点儿意思，如果割裂开来单独看这一句，不论用字还是场景，都没有什么特别的地方，我们每个人都有这样的生活经历。那么它美在哪里呢？

回过头看第一句——“君问归期未有期”，因为归期不定、漂泊不止，所以，心里萦绕着落寞、孤独、悲伤、思念等丰富的情感，本来这种情感是静态的，是停驻的，是萦绕的。但是现在，随着窗外淅淅沥沥、绵绵不断的秋雨，如此丰富的情感跟着池水一起涨起来了。

“涨”这个动词用得特别好。从句法上看，“涨”似乎可以置换成“落”或“飘”，但从情感上，又是不可置换的。如果说“落”是由上而下，“飘”是横向或斜向行动，“涨”就是由里而外的，这就体现出一种情感的深度和内在性：不仅池水在不停上涨，变得越来越满；李商隐的情感，他的孤独、思念、落寞、悲伤，也在雨水中全部满涨起来了！他的心就是那一个秋池，如此丰富的情感随着雨水落下来，一点一点累积，终于在某一个时刻，饱满到几乎要溢出心池！“涨”字有一种动荡感，一种不息上涨之感，它不仅暗示夜雨之绵绵不绝，秋池之逐渐上升，而且和诗人的动荡不息的内心产生了一种呼应。

何当共剪西窗烛——

一个在外漂泊的人最想念的是什么呢？是家，具体来讲是妻子、孩子，我们最爱的家人。那么抽象一点呢？如果只能用一个最凝练的意象来表达对家的思念，你会用什么呢？灯光，家里的灯光。不是我们现在工业社会的灯——现在的灯因为太泛滥而不珍贵了，唐朝的灯光在四周漆黑的环境中比现在要珍贵千百倍。

帕斯捷尔纳克的小说《日瓦戈医生》中的拉拉说：“如果我家门口的那一盏灯在世界的尽头重新亮起来，那么就算爬我也要爬回去！”如同糖溶化在水中，整杯水就是甜的；家人的爱融化在灯光之中，灯所照亮的地方就是家，就是爱的领地。

还不止于此，在中国古典诗歌的语境中，“烛”有更丰富的内涵，它是一种高度的精神契合，是知音之间的灵犀一点。杜甫《赠卫八处士》中有诗句：“今夕复何夕，共此灯烛光。”今天是什么日子啊，怎么这么幸运啊，能和你对着这样的灯火说说话！古典诗歌里的“灯烛”，如果是在同性闲话的环境中，则是高山流水，肝胆相照。如果是在异性聊天的情景里，则是心心相印，琴瑟相和。所以，未来与李商隐剪烛西窗的，不仅仅是他的妻子，同时也是他的知音。“共剪西窗烛”，不仅有夫妻之间的温情缱绻，还有彼此深深了解的诗意的共鸣。如此温馨，如此浪漫！

但这样一个美好的场景是遥不可及的盼望——“何当”，什么时候才能这样呢？“共剪西窗烛”那么温馨，贴心贴肺地让人温暖。但是，“何当”两个字一下子把这一种贴心的温暖拉远了。所以，就这么七个字，内蕴丰富极了，温暖的盼望与孤寂的现实重重交织，百转千回。

却话巴山夜雨时

如果说“何当共剪西窗烛”是从现在遥想将来，从巴山秋窗遥想长安西窗；结尾的“却话巴山夜雨时”，却从一个想象中的未来又回到现在，从想象中的长安西窗又说到现在身处的巴山秋窗。这就是历来为人们所称道的《夜雨寄北》的结构艺术——“水精如意玉连环”，具有晶莹、回转的结构之美。

上一句的“共剪西窗烛”，畅想着家里的灯光，那个似乎很遥远，在世界的尽头。但是，李商隐用了一种非常奇妙的手法拉近了距离，他把现在的场景切换到对未来的想象中去，他把此刻窗外的巴山夜雨切换到亮着灯光的家的西窗，用此刻的落寞与惆怅去丰富想象之中的西窗，用家的灯火来安慰此时此刻的落寞与惆怅。通过两个窗子，现实与想象、此刻和将来那么奇妙地组合在一起，完全不相干的地点，完全不同的时间，通过一种诗意的连接那么妥帖自然又温情脉脉地交织在一起。李商隐像是一个裁缝，用诗句做针线去拼接时间，拼接那些最美的最有诗意的片段！当他再用“巴山夜雨”四个字结尾的时候，刚才那一种快要溢出秋池的饱满的情感被很好地收住了。古典诗歌讲究“哀而不伤”，李商隐的孤寂和惆怅没有泛滥成灾，在“西窗”的烛光之下，似乎得到些许安慰，似乎又添了更多的滋味。回环复沓，深情绵密。

这就是《夜雨寄北》，它以难以承受的孤独、失落、哀伤开始，“未有期”的漂泊、羁留，没有终点，没有尽头。又以“何当共剪西窗烛，却话巴山夜雨时”收束，提前预支一个重逢的画面：剪烛西窗，细细闲话。也许，预支这样一个夜晚，此刻的巴山夜雨会少一点凄凉、少一分哀伤吧。

巴山梦长

我的漂泊没有旅程。
我的漂泊没有尽头。
巴山梦短，雨声在野，
我的手：我的境地，
我和我的田园
都一无所有。

——只是，
外面巴山梦短，
雨声在野。

请您和我一起，
和我的池水

和我的别离
和我的愿景。

有朝一日我独坐这无雁的西窗，
或者我伴您在这片垂朽的温床，
我伴您在这片虚空中的天井，
我和您相伴到老。

……巴山梦长，雨声在野。

陶渊明的痛苦和伟大

——读《归去来兮辞》有感

陶渊明散淡出世的形象差不多已成定格。

魏晋是一个剧烈冲突的时代，陶渊明的生活却“一团和气”。

陶渊明离开官场后，伴着土地过了一段漫长的岁月，里面堆积了各种细节，充满了丰实的内容。然而，后人谈得最多的，还是他毅然辞去县令的片段：

“郡遣督邮至，县吏白应束带见之。潜叹曰：‘我不能为五斗米，折腰向乡里小人！’即日解印绶去职，赋《归去来》。”（《宋书·陶潜传》）

这里的陶渊明傲骨冲天，为了生命的尊严、心灵的洁净，毅然决然地辞官归隐，何等爽快！

这“解印绶去职”的转身一幕已成定格，变为一个鲜明的徽章，永远挂在了陶渊明的身上。那句著名的“不为五斗米折腰”也被视为诗人一生行为的诠释。这句话说得那么坚毅、解气，我们读者在陶渊明这次痛快的发泄面前，会有同样的快感。但是，我们似乎不应忘记，一个人做出如此酣畅淋漓的宣示，背后肯定隐藏了很多不为人知的东西。

实际上，凡是语意鲜明、富有戏剧性的言行，都会因为其通俗性，因为具有足够的外向辐射力，而变得极容易在大众中传播和引申，造成比预料中大得多的影响。冷静下来看，陶渊明的这个行为关节无疑被放大了，其内部诸多因素也被遮蔽了。

一、“眄庭柯以怡颜”
——归隐的快乐

“心为形役”实在是灵魂的扭曲，回归田园即是为了生命的快乐。

归隐后的陶渊明真真感受到了快乐：“三径就荒，松菊犹存。携幼入室，有酒盈樽。引壶觞以自酌，眄庭柯以怡颜。倚南窗以寄傲，审容膝之易安。”松菊映窗，美酒盈樽，幼子绕膝，倚窗寄傲。相比为官时“口腹自役”的糟糕生活，田园之中，平淡幸福。

在《归去来兮辞》里，表现离开官场走进田园的欢欣，已达极致。

“悟已往之不谏，知来者之可追。实迷途其未远，觉今是而昨非。”离开昨日之“非”，肯定今日之“是”，未来之乐，尽可以追。这种在单位时间内的情绪爆发是可以理解的，因为换了一种人生场景，获得解脱之后的巨大快感是很自然的。更何况，陶渊明是一个“性本爱丘山”之人。矫首即见浮云，那云了无机心，随聚随散；纵目又见归鸟，那鸟御风而行，飞倦而返。那欲颓的夕阳，那蓊郁的孤松，那欣欣灿然的树木，那潺潺流淌的清泉……天地在他眼前舒展开来，大自然风云流转，无处不真、无处不美。

春天来了之后，他看到了幼苗张开翅膀在风里起伏，心里溢满喜悦："有风自南，翼彼新苗。"（《时运》）"平畴交远风，良苗亦怀心。"（《癸卯岁始春怀古田舍二首·其二》）这样的句子，只有一个亲近泥土、侍弄庄稼的人，一个对土地饱含深情的人，才能写得出。"植杖而耘耔"，这种农耕活动纯朴而直接，它润化着陶渊明的心灵。田野的阳光洒向万物，也洒在了陶渊明身上。

二、"奚惆怅而独悲"
——归隐的纠结

然而，我读《归去来兮辞》，常常感慨：陶渊明的闲适与超然，是被夸大了的，而他的纠结和痛苦，却被大大简化了。他活得并不容易，虽然最终算是"挺住"了，但也付出了巨大代价；他完成了自己，却经历了致命的挣扎。

且看文中的这些句子：

"归去来兮！田园将芜胡不归？"

"既自以心为形役，奚惆怅而独悲？"

"归去来兮！请息交以绝游。世与我而相违，复驾言兮焉求？"

"已矣乎！寓形宇内复几时，曷不委心任去留？胡为乎遑遑欲何之？"

"聊乘化以归尽，乐夫天命复奚疑？"

这里有三次意味深长的浩叹：开篇即"归去来兮"，似乎并不全是欣然，还有意味深长的感慨。篇中又一个"归去来兮"，心潮如涌，难以自遏。最后一段再发浩叹——"已矣乎！"算了吧，算了吧，"昨日之非"让它去吧。一唱三叹，感慨深长，悲欣交集。

这里还有多次追问，贯穿全文。"田园将芜胡不归？"将要荒芜的田园，真的需要并非农民的陶渊明回去耕种吗?“奚惆怅而独悲?”为什么是“独悲”?他辞官归隐，妻子、亲朋认可吗?“复驾言兮焉求?”这不正说明他还有求吗?他求什么呢?“曷不委心任去留?”既然归去是完全顺遂自己心意的，为什么还要在内心质问自己呢?“胡为乎遑遑欲何之?”田园已是心灵安适之所的话，为什么他还心神不定，他还想去哪儿呢?“乐夫天命复奚疑?”这不正表现他曾有疑吗?

如果是毅然决然，怎么会有这么多追问?不停地追问，其实是在不停地劝服自己，不停地给自己力量，不停地阻遏扰乱内心的“尘杂”，去追求生命本然的样子!

辞官归去，有欣然，却也有深长的感喟。

回到田园，有幸福，却也有迷茫的徘徊。

三、“人生归有道，衣食固其端。”
——痛苦之一

陶渊明是回归了田园，他因回归而快乐，也因回归而痛苦。

这痛苦首先源于物质。当初出来做官，就是因为家中没有财富积累:“余家贫，耕植不足以自给。幼稚盈室，瓶无储粟，生生所资，未见其术。”陶渊明娶过两个妻子，育有五个儿子，这中间是否有夭折的不得而知。要养育这么多儿子，实在不易。贫困让他常常无计可施，徒有感叹。好不容易，有偶然的机遇，得叔叔的力荐，得以“见用于小邑”。可以养家糊口了，甚至还可以有酒喝了。可是，因“质性自然”，难以忍受“口腹自役”“心为形役”的生活，又借奔妹丧而“自免去职”，一家人的衣食问题，自然再次笼上心头。

我们的世俗社会是一张巨大的网，每个人在其中占一个小格子，每向上攀登一格就能获得更多的回报，这就是陶诗“误落尘网中”的尘网。人是社会关系的总和，这个尘网虽然束缚我们自在的心灵，但我们离不开它。然而，陶渊明离开了。一旦离开，社会网络将不再为他提供任何回报，那怎么办呢？他回到自然之中，他选择用双手和汗水养活自己，非常非常的辛苦："时复墟曲中，披草共来往"——垦荒种地，披荆斩棘。"晨兴理荒秽，带月荷锄归。"——披星戴月，劳累不已。"晨出肆微勤，日入负禾还。"——日出而作，日入而息。

不仅辛苦，还经常白天饿肚子，夜晚抱风眠——"夏日长抱饥，寒夜无被眠"（《怨诗楚调示庞主簿邓治中》）。灾荒之年，实在饿得厉害了，甚至要当乞丐去讨饭吃——"饥来驱我去，不知竟何之。行行至斯里，叩门拙言辞。主人解余意，遗赠岂虚来"（《乞食》）。

在《与子俨等疏》一文中，陶渊明写道："汝辈稚小家贫，每役柴水之劳，何时可免？念之在心，若何可言？"一个父亲，因为自己"性刚才拙，与物多忤"，想要保持内心的高洁，经过一番挣扎后"僶俛辞世"，后果却是"使汝等幼而饥寒"——让五个孩子自小忍受清贫的生活，甚至挨饿受冻。对此，他流露出深深的歉意——"抱兹苦心，良独内愧"。

四、"日月掷人去，有志不获骋。"
——痛苦之二

如果说陶渊明归隐田园后就不再徘徊，彻底地投身于并融洽于山居生活，那就大错特错了。他在《杂诗十二首·其二》中写道："日月掷人去，有志不获骋。念此怀悲凄，终晓不能静。"这是一种怎样的悲凄？"有志不获骋"——因为胸有壮志而志不能伸，"终晓不能静"——故内心通宵达旦不能平静。

这"志"是什么？自然是儒家兼济天下的壮志。别忘了，陶渊明在本质上是一个儒生，他的内心里有一个强大的主旋律，那就是儒家的入世思想。自小接受儒家传统的熏陶，陶渊明具有强烈的入世情怀。他"少时壮且厉，抚剑独行游”（《拟古》），仗剑独行，志意远大；他“猛志逸四海，骞翮思远翥”（《杂诗十二首·其五》），志在青云，展翅高飞。他歌咏首身分离后仍然舞干戚的刑天，他歆羡“君子死知己，提剑出燕京”的荆轲，他的金刚怒目、他的豪情壮志，弥漫在许多诗篇里。

回到了田园，有过“登东皋以舒啸，临清流而赋诗”的啸傲，也有“丈夫志四海，我愿不知老”（《杂诗十二首·其四》）的心酸。田园种豆采菊的生活，并非一片温馨，矛盾、愧疚在他内心深处储存着。他写道：“日月还复周，我去不再阳。眷眷往昔时，忆此断人肠。”（《杂诗十二首·其三》）日月亘古如斯，而人一旦死去就归于尘土，眷恋着以前的种种，简直令人摧心断肠！

一个晚年还写《感士不遇赋》这样文字的人，怎么能说他轻易忘记了壮志、进取和入世呢？

他曾多次渴望自己像鸟，无拘无束地飞翔，然而，“栖栖失群鸟，日暮犹独飞”（《饮酒·其四》）。这里隐含着离去的渴念和深深的孤苦。

这只鸟脱离了樊笼，飞向了山林，却频频回首，似乎不忍飞得太远。

五、“悠悠我祖，爰自陶唐。”
——痛苦之三

陶渊明的痛苦还来自家族使命感。

在《命子》一诗中，陶渊明有些牵强地把遥远的所谓始祖的光荣，全都纳入了家族谱系。“悠悠我祖，爰自陶唐”，这与屈原《离骚》开头“帝高阳之苗裔兮，朕皇考曰伯庸”的写法是一样的。似乎才华卓著的文人在追溯自己远祖之时，都会牵强地把最光辉的一页记录笔下。李白、杜甫也曾有过这样的描述。李白把“飞将军”李广追认为先祖，杜甫更夸张，把祖先追认到了周王室。这种做法其实透露了一个信息，即大丈夫一定要建功立业，光耀门楣，万不可辱没了先人。

陶氏家族最显赫也是离陶渊明最近的一个大人物，是其曾祖父陶侃。据李长之先生《陶渊明传论》一书来看，陶渊明的思想，是深受其曾祖父陶侃影响的。陶侃出身寒微，可能是渔户，却凭借机智和勇敢，屡立军功，在西晋末年已崭露头角。其政治生涯的巅峰是平了苏峻后，官封长沙郡公，加都督交、广、宁七州军事。这完全可以和当时的王敦、桓温、桓玄等风云人物相提并论，是一度掌握了东晋王朝生死存亡之命运的大人物。陶渊明在《命子》诗里对这位先祖表达了无比的崇拜之情：

“在我中晋，业融长沙。桓桓长沙，伊勋伊德。天子畴我，专征南国。功遂辞归，临宠不忒。孰谓斯心，而近可得。”

既有重振家族荣光使命的号召，兼有儒家知识分子大济苍生的理想激励，陶渊明多次出仕，试图建功立业。据袁行霈《陶渊明与晋宋之际的政治风云》一文来看，“陶渊明先后出仕五次：第一次起为江州祭酒；第二次入桓玄军幕；第三次为镇军参军；第四次为建威参军；第五次任彭泽县令。”然而，在晋末政治最动荡的时期，在桓玄、刘裕等枭雄相互厮杀，先后称帝的魏晋“丛林”里，陶渊明的心里有愤怒，更有恐惧，远城烽火，硝烟刺鼻，他只能逃离了。

回归田园之后的陶渊明，依然还有家族使命感，很难忘掉曾祖父所代表的那种建功立业的伟大传统。这成为一种精神流脉，灌注在陶渊明身上，仅这一点，就使他的田园生活很难变得和谐起来。

六、“并非浑身静穆，所以伟大”
——伟大之一

鲁迅先生评价陶渊明：“对于人生，既惮扰攘，又怕离去，懒于求生，又不乐死，实有太板，寂绝又太空，疲倦得要休息，而休息又太凄凉，所以又必须有一种抚慰。”“陶潜正因为并非‘浑身是“静穆”，所以他伟大’。”（《“题未定”草》）这实在是知己之言，不把一个活生生的人给简单化。说陶渊明伟大在于“浑身静穆”的朱光潜先生，是把陶渊明看小了的。

陶渊明最终是归隐了田园的，只不过他的归隐并不是“毅然决然”，家人生计、家族使命、儒家情怀让他的疏离充满了矛盾、迟疑、痛苦。他为了肯定自己的退隐，多次在诗歌中引述古代贤人、志士、隐士，以此来取得自我安慰。这同时也曲折地表达了他难以祛除的不安和彷徨。他的一生都在徘徊、痛苦。

人生不如意事十之八九，痛苦才是生命的常态。里尔克曾有名言：“有何胜利可言，挺住就是一切。”当人们身陷尘网之中，都将面临不可解脱的痛苦，此时英雄属谁？谁会胜利？于是才有“挺住就是一切”。屈原挺不住了，皓皓之白不能蒙受世俗之温蠖，汨罗水寒了千载。贾谊也挺不住了，颓丧度日，以泪洗面，郁郁而终。陶渊明挺住了，在艰难险恶里，在万般痛苦中。“挺住便意味着一切”，何等深刻、确切！

陶渊明挺住了，他就伟大了，他开辟了一个田园，一个供后代失意文人喘息、疗伤的地方。他后来还虚构了一个“桃花源”，它成为华夏儿女的理想国，虽不能至，永远“心向往之”！

七、“托身已得所，千载不相违！”
——伟大之二

陶渊明虽然深受儒家思想的熏陶，但他的精神坐标系里还有道和佛，所以，他的隐和儒者的隐是不同的。

儒者的隐，是孔子给后人提供的一个缓冲地带。孔子发过牢骚：“道不行，乘桴浮于海”，“有道则现无道则隐”。后来孟子也说过，“穷则独善其身，达则兼善天下”。这是儒家的隐，隐的原因是“道不行”——我的理想、我的主张在这个世道上行不通，我为国为民为天下的努力不被赏识，我没有办法了，于是退而隐，退而独善其身。很明显，这是一种无可奈何之下退而求其次的做法。一旦有机会，儒家一定还会积极入世，勇猛精进，当然，这也是真正的儒家非常可贵的地方。

但是，陶渊明不是这样的，归隐田园后，他说，“托身已得所，千载不相违！”（《饮酒·其四》）——我永远永远不会离开这里！这一句决绝的话语绝不是说，我没有办法，暂时退隐一下。他隐的动力根本不是“道不行”，那是什么呢？当家国天下无法成为他的重大关切，当天地造化、生死命运在他的心中轰然觉醒，他找到了比兼济天下更为重要、更为根本的事情——他要完成自己的人生！这根本不是退，这是逆向的开疆拓土，奋勇前行！所以他才会说“觉今是而昨非”，过去的是错的，完全错了，现在做的事情才对！这是一种价值观的根本背反，从群体走向个体，从天下走向自我，从国家走向自然，这样的话绝不是退而求其次的儒家讲得出来的！

在我们的文学传统中，关于修身齐家治国平天下，有太多的讨论。但是，关于一个人应该如何去建设、去实现自己独特的人生，我们几乎从来没有严肃地讨论过。在归隐田园后的痛苦和徘徊中，陶渊明之所以再也没有出仕过，也许就在于他找到了一种健康而实在的活法：播种和收获，酿造和饮用，和大地相亲，活得像一个人。

这真是一个华丽的转身，从家国天下转过身来面对自己，从群体回到个体，从建功立业回到生命本身的诗意和审美！

你理解杜甫对李白的深情吗？

——杜甫《梦李白（其一）》

各位老师和同学：

大家中午好！

今天跟大家分享一下我个人读杜甫《梦李白》的一些粗浅的感受。首先，我把这首诗读一遍：

死别已吞声，生别常恻恻！江南瘴疠地，逐客无消息。
故人入我梦，明我长相忆。恐非平生魂，路远不可测。
魂来枫林青，魂返关塞黑。君今在罗网，何以有羽翼？
落月满屋梁，犹疑照颜色。水深波浪阔，无使蛟龙得。

一般而言，诗的起笔是比较平和的，不会用特别强烈的字。《红楼梦》第五十回“芦雪广争联即景诗”时，凤姐打头第一句是“一夜北风紧”，大家都说好，“这正是会作诗的起法……不但好，而且留了多少地步与后人”。但是，杜甫这首诗起笔第一个字就是“死”，什么感觉？我们大概再找不到任何一个字比“死”更刺眼了，它是那么强烈地冲击着我们的心灵，触目惊心！那杜甫为什么不按常规来呢？这大概就是大诗人跟小诗人的区别，规则是小诗人的拐杖，而大诗人根本不需要拐杖，这根本不是在“作”诗，不是起承转合，咬文嚼字，这是至性深情，是发自本心的、不假思索的痛苦呼告！一个字“死”字劈面而来，带我们离开一日三餐的平常生活而直接走到黑暗的边缘，“死别已吞声”，没有声音的，说不出话来的，所有的悲苦一股脑儿吞进去，连眼前的黑暗也一起吞进去。

但是，这还不是最难过的，还有一种分离叫“生别常恻恻”。容我举一个刺痛人心的例子，以前看电视里儿童被拐卖的新闻，有一个失去孩子的妈妈哭着说：“我宁可孩子死了，死了老天会照顾他，老天仁慈，我会放心的……”生别比死别更痛苦，因为死别痛则痛矣，但毕竟是一个再没有任何盼望的了断，时间一久，痛苦会慢慢变淡。但生别每一年、每一天、每一个时刻都仿佛是一次新的分离、新的撕裂。常恻恻，时时刻刻地深深地牵动着人的心，担忧、焦虑、难挨……

那么，杜甫确定李白还活着吗？他确定他们是生离而不是死别吗？不确定。这种不确定贯穿全篇，所以提醒大家注意的是，我们绝不能把后面的情境只看作杜甫的一个梦，对杜甫而言，他觉得自己看到的可能就是李白的鬼魂，是李白的鬼魂路远迢迢来看他；但一定是鬼魂吗？同样不确定，可能只是一个梦。所以通篇下来，真可谓魂梦交织、非生非死、生死难断！魂让梦变得凄楚，梦让魂变得缠绵，所以我们不仅仅要在杜甫的梦里看到李白，更重要的是，要在生死的边缘看到李白，一个亦仙、亦人、亦鬼的李白。

“江南瘴疠地，逐客无消息。”

这两句我们重点说一下“瘴疠”两个字。

好诗不在堆砌漂亮字眼，而贵在一片真情。我不是很喜欢《春江花月夜》，一般而言这是唯美到极致的作品，素有“孤篇压全唐”的说法，这种说法我不是很认同，如果我们把诗当成工艺品来看，那么《春江花月夜》确实像苏绣一样精美，无可挑剔。但是，如果我们把诗当成活生生的人的写照，当成人生命态度、生命热忱的寄托，那么《春江花月夜》显然太单薄了。李泽厚说这类似于一种年少的轻愁，有些灵动，有些天真，是青春时期一种美的觉醒，思考的觉醒，我深以为然。

“瘴疠”这两个字岂止不漂亮，简直狰狞丑陋，张牙舞爪。大诗人无字不可入诗，瘴疠，给人什么联想呢？毒蛇、蝎子、湿气、密林、瘟疫……这是死亡之气，不是一刀毙命那种干干脆脆的死，而是非常恐怖的非人非鬼的死亡。这两个字对杜甫来讲是不假思索的，但我们不能随便看过去，当时李白的流放地是夜郎，杜甫为什么不用“夜郎”而用“瘴疠”？虽然是同一个地方，但说法不一样感觉就是不一样的。“夜郎”两个字很漂亮，充满了异域风情，如果我们把这两个字搬上去，整首诗的气氛都坏了。一是后面李白的魂没有来处，“夜郎”把鬼气扫得干干净净的；二是“常恻恻”的那种焦虑被漂亮饱满的字眼狠狠扣分。所以必须是“瘴疠”之地，荆棘缠绕，蛇蝎遍地，一个你深深思念的人在那样一个死亡之地，而你一点点关于他的消息都没有，什么感觉？

下一句“故人入我梦，明我长相忆”，不是我梦到故人，而是故人到我的梦里来，这有什么区别呢？说“我梦到谁谁谁”是人一般化的体验，而“入我梦”就不一样了。仿佛由于李白明了自己长相忆念的感情而特意主动入梦。从对面着笔，不仅表现了知己朋友之间心灵的相通感应，而且表现了自己在“逐客无消息”的情况下乍见故人的欣喜与感动。但面对故人憔悴的面容身影，主人在转瞬之间忽生疑问——“恐非平生魂，路远不可测”。恐怕是死了，如果还活着，不可能这样路远迢迢、真真切切地到我的面前。这恐怕是平日所见李白的生魂吧。长流夜郎的路途如此遥远，生死存亡实在难以预料。日有所思，夜有所梦；

正因为平日在潜意识中已有李白或许在流放途中遭遇不测的预感，故而梦中才有“恐非平生魂，路远不可测”的疑虑。

下面的两句“*魂来枫林青，魂返关塞黑*”有几分《楚辞·招魂》的感觉——“湛湛江水兮，上有枫，目极千里兮，伤春心，魂兮归来，哀江南！”真鬼气森森！我们来感受一下“枫林青”“关塞黑”。我手头的诗集上注的是：“白魂自江南而来，又自秦州而返，江南多枫林，秦州多关塞，又因是晚上，所以言‘青’和‘黑’”，这根本不是在读诗，这是在编《国家地理》，在写旅行日记。魂来的时候，仅仅是“枫林”青了吗？不是的，整个天地都青了，阴惨惨的；魂去的时候，仅仅是“关塞”黑了吗？不是的，整个天地都黑了，墨沉沉的。眼睛看过去，天地为之久低昂，惊风雨泣鬼神，这是遍被华林的凄楚与痛苦！这是李白带着另一个世界的气息出现在杜甫眼前！这是阴阳两界的短暂的会面，是会面之后无奈又悲苦的分别！如果枫林只是枫林，关塞只是关塞，那么，诗就不成为诗了！

接下来“*君今在罗网，何以有羽翼？*”我把这两句解读成杜甫在梦里跟李白说的两句话，但是，李白没有回答，一个字都没说。这一句问得非常奇妙，鬼魂不可能“在罗网”，只有活生生的人有其笨拙的形体才可能在罗网之中。鬼魂穿越千山万水也不需要“羽翼”，杜甫前面已经说了，“恐非平生魂”，恐怕已经死了，那为什么忽然又问“有羽翼”呢？这真是非常奇妙、非常深情的表达，他一方面似乎认定李白已经死了，另一方面却表现出强烈的不甘，他不愿相信李白已经死了，他觉得李白还在流放途中，还在罗网之中，所以才会在梦中惊呼：“你怎么来了？！”似乎内心存着一丝李白还活着的念想，这真是一种非常深的纠葛和矛盾，越是害怕他死越是深深地以为他已经死了；越是相信他已经死了，越是热切地盼望他还没有死！一个人只有对他至亲至爱的人才会有这样复杂的情感。真是至性深情，催人泪下！

然后，梦醒了，“*落月满屋梁，犹疑照颜色*”。杜甫的诗不用说的，画面感极强，我们都有那样的体验，某天夜里做梦了，忽然醒来，月光落在窗帘上，落在地板上，四周特别安静。这时候往往会有一种特别清晰的、截然分明的现实感，眼前的屋梁和月光明明白白地切割开时间——梦和醒只差一秒钟，却完全是两个世界，梦的世界陡然封闭、陡然失落，而醒来第一眼看见的月色就是两个世界隔绝的屏障。所以，有多少惆怅、落寞、悲伤、忧虑都被封闭在这一道屏障之内，你跨不过去了。我们家宝贝经常在睡梦中“咯咯”笑，有一次，他笑完就醒过来了，对他妈妈说：“妈妈我回来了！”梦和醒有时不仅仅是生活的两种循环的状态，更是在两个不同世界之间的穿越。所以我觉得这月光不仅仅是一种抒情的表达，它有很多悲伤在里面，而最深的悲伤就在于它切开了两个世界。梦和醒、死和生、李白和杜甫，都被这安静无声的月色切开了。“落月”——快落下去的月亮，没有光彩的月亮，苍白的月亮！“照颜色”——月光照在脸上。人去了，抑或魂去了，那苍白的模样恍惚还在，与苍白的月色融为一体，停留在杜甫眼前。多深的情啊！

“水深波浪阔，无使蛟龙得。”前面说过，李白因入永王李璘幕府而获罪，系狱浔阳，不久又流放夜郎。当时的人都认为他有叛逆之罪，该杀。杜甫在《不见》一诗中形容李白的处境是“世人皆欲杀”。所以，通常认为“水深波浪阔”是要提醒李白注意政治环境的险恶，要保护好自己，不要被坏人抓了去。这样的解释当然不错，但我觉得不能简单地把李白的困境放在政治环境之中，不能简单地理解为坏蛋要抓好人。那怎么解呢？

李白所面对的困境不仅仅是政权的压迫或者所谓“恶势力”的压迫，而是，整个世界都是他的牢笼！李白这样的天才在这个人的世界大概是活不好的，叶嘉莹先生曾经说，“而太白则不幸是一位仙而人者，以太白天才之恣纵不羁，原非此庸懦鄙俗之人世所可容有……‘谪仙’正好说中了这一位绝世的天才的入世的沉哀。太白之触忤失意于世，原是此一天才命定的悲剧”。以仙的灵魂堕而为人，这人世间无处不是困局，无处不是牢笼，这才是真正的“水深波浪阔”。

再说一下“无使蛟龙得”，文字是有密码的，这一句很容易让人想到屈原，虽然不一定是杜甫的本意。屈原与李白都有一种不属于人间的天才品格，都不为世所容，命运悲沉。当杜甫说“无使蛟龙得”的时候，可能有两个层面的意思，一是如果你还活着，在遍地罗网之中千万保护好自己；二是如果你已经死了，像屈原一样死了，那么，你也一定要保护好自己！一个已经死了的人何必保护自己又如何保护自己？写到这里真想掉眼泪，杜甫的情感实在是太深太深了，谁会关心一个死人的安危？大概只有最亲最亲的人才会如此的不理智，如此生死不已、生死不已地去关爱！

到这里，对于这一首诗本身的意蕴已经基本讲完。接下来还有几句题外话可以借这一首诗发挥一下。我想通过这首诗分析一下我们苦难民族的精神家园。

这一说听上去有点讲大话了。那么一般而言，人的精神家园在哪里？第一种可能是宗教信仰。在西方有一个现成的上帝可以作为精神的寄托，我们是没有的，所以，我们先把上帝抛开。第二种，精神家园可能存在于大自然，庄子所谓独与天地精神往来，虽然庄子是我的超级大神，但不得不说，在漫长的两千年中，他的思想基本被认为是跑偏的，宋明以降，说一个读书人的见解不入流，动不动就说“流于庄释（禅）”。第三种，也有可能寄托于爱情。但爱情成为精神寄托在古时候是极为罕见的事情，一是女性地位低下，被视作男性的从属；二是女性本身的精神品格不够（陈述客观事实，没有性别歧视的意思），女性与女性之间，或者女性与男性之间可聊的精神话题不够开阔（到《红楼梦》才别开生面）。所以，我们把爱情也放下。

最后一种可能，是男人与男人之间的友情，我们有伯牙钟子期，高山流水遇知音。有荆轲太子丹，士为知己者死；有孔老夫子说的，有朋自远方来，不亦乐乎？总之，我觉得在古时候，男人之间的惺惺相惜、肝胆相照的友情是极有可能成为安顿灵魂的精神家园的。但是，这一种安顿对人的要求非常高，一是你必须具有高山流水一般的品格，一个没有思想的农妇可以寻求上帝的安慰，但不可能得到知音的共鸣，因为她本身无音可知；二是两个独特的灵魂必须互相了解互相契合，于茫茫人海之中不早不晚刚好相遇，这是非常偶然的、可遇不可求的事情，所以说千金易得，知音难求。之所以啰唆这一堆是想让大家感觉到，杜甫对李白的情感是在什么样的高度，它在杜甫的生命中未必占据多大的篇幅，但是，它绝对在杜甫的灵魂深处——而这一首诗恰是深情的例证。

谢谢大家！

（本文系作者 2018 年 10 月 31 日应校团委之邀在逸夫楼做讲座的发言稿）

你必将失败，但诗歌本身以太阳必将胜利

——析《面朝大海，春暖花开》

诗人海子在当代诗坛的影响力之大，可以引两句话来说明：

西川在《怀念》一文中说："诗人海子的死将成为我们这个时代的神话之一。"

崔卫平在《海子神话》一文的开头说道："在当今诗坛上，海子作为一个巨大的神话的存在，已是人所共知的事实。"

在这个神话的内部，未完成的少年天才，农业文明的忧伤歌者，20 世纪 80 年代最后一位抒情诗人，背负形而上使命的诗歌烈士……构筑起人所共知的海子形象。

一、这是绝望的麦子

海子诗歌中涉及众多阴郁的主题，比如孤独，"当众人齐集河畔　高声歌唱

生活 / 我定会孤独返回空无一人的山峦”（《晨雨时光》）；比如哀伤，“黄昏常存弧形的天空 / 让大地上布满哀伤的村庄”（《五月的麦地》）；比如黑夜，“黑夜从大地上升起 / 遮住了光明的天空”（《黑夜的献诗》）……但是，最突出的阴郁主题依然是死亡。

海子诗歌中的死亡似乎是无处不在的。大地上不断毁灭的事物的象喻深深震撼着他的心，使他相信，死亡本身就是存在的显现。如《九月》：

目击众神死亡的草原上野花一片
远在远方的风比远方更远……

远方只有在死亡中凝聚野花一片

是死亡景象的启示使海子如此专注于生存本质的追寻，并不断追寻着自我生存的性质。在《祖国（或以梦为马）》中，他写道：

众神创造物中只有我最易朽
带着不可抗拒的死亡的速度
只有粮食是我的珍爱，我将它紧紧抱住

生命本身的脆弱使他不得不把细弱的气息寄托于“粮食”这大地的赐予和馈赠，然而这植物在本质上也与同它具有双向哺育关系的人一样不断地死亡：

抱着昨天的大雪，今天的雨水
明日的粮食与灰烬
这是绝望的麦子

（《四姐妹》）

绝望成为海子面对死亡的最终结论，而且他不是像普通人那样以“暂时与自己无关”的态度予以回避，而是主动迎向了它并可能在内心中艺术地幻化了它，这可能使他摆脱了死的恐惧而感受到一种结束生与死的对抗而融入永恒的大地的安然。在彻底的“疲倦”和“衰老”中，海子日日夜夜痴迷着的预言实现了：

大地　盲目的血
天才和语言背着血红的落日
走向家乡和墓地

（《太阳·土地篇》）

二、总是有幸福的日子

流行的诗歌文化趋向于简化的识别，即将海子的自杀看成他的诗歌意图的一种显示。按照这样的解释，海子的自杀似乎反证了他对世界的绝望，以及对生活的厌倦，更加验证了对他的诗人形象的一种概括：他是一个关注死亡的诗人，就像他在《春天，十个海子》里所写的——“这是一个黑夜的孩子，沉浸于冬天，倾心死亡。”

海子的自杀固然强化了他的诗歌中的死亡意象，但是，出于对诗歌的尊重，也出于对海子的诗歌天赋的尊重，我们还是应该把海子的自杀看成他的诗歌世界之外的一个意外事件。换句话说，从诗的解释学的角度看，我们对海子在诗歌中反复呈现的那些基本主题——死亡主题、美丽主题、复活主题、幸福主题、孤独主题、野蛮主题、黑暗主题，都应该保持一种开放的审美反应。

幸福，是海子诗歌中一切悲伤言说的对立面，是普照万物的太阳，有时他直接呼求这个对立面在文本中出现：

总是有寂寞的日子

总是有痛苦的日子
总是有孤独的日子
总是有幸福的日子
然后再次孤独

（《太阳和野花》）

甚至和它交谈：

幸福找到我
幸福说："瞧　这个诗人
他比我本人还要幸福"

（《幸福的一日》）

还有很多时候，"幸福"两个字并没有在文本中出现，但并不代表它不存在，正如在白日里月亮也一直运行于苍穹：

明亮的夜晚多么美丽而明亮
仿佛我们要彻夜谈论玫瑰直到美丽的晨星升起。

（《十四行：玫瑰花园》）

海子对死亡的关注是严肃的、强烈的，但这种严肃和强烈，还不足以遮蔽或降低他对幸福的关注。如果说他在诗歌中对死亡的关注具有一种震撼性，那么也可以说，他在诗歌中对幸福的关怀也具有同样的想象的强度。也就是说，海子对死亡的倾心是真诚的，这源于他的世界观——向死而生；同样，他对幸福的热爱也是认真的。

海子关于幸福主题的诗歌，最为人们熟知的，也许就是《面朝大海，春暖花开》了。

面朝大海，春暖花开

从明天起，做一个幸福的人
喂马、劈柴，周游世界
从明天起，关心粮食和蔬菜
我有一所房子，面朝大海，春暖花开

从明天起，和每一个亲人通信
告诉他们我的幸福
那幸福的闪电告诉我的
我将告诉每一个人

给每一条河每一座山取一个温暖的名字
陌生人，我也为你祝福
愿你有一个灿烂的前程
愿你有情人终成眷属
愿你在尘世获得幸福
我只愿面朝大海，春暖花开

三、我只愿面朝大海，春暖花开

《面朝大海，春暖花开》大概是海子诗作中流传最广的一首。它平白如话，似乎只是诗人的抒情性独白，但具有极大的感染力，这种感染力是一种神来之笔，是不可分析的。然而，作为一名语文教师，我必须强作解人，分析这首不可分析的诗。

1

从明天起，做一个幸福的人

喂马、劈柴，周游世界

从明天起，关心粮食和蔬菜

我有一所房子，面朝大海，春暖花开

“喂马”“劈柴”“周游”“关心粮食和蔬菜”，这一系列行动，既预示了生命的新的方向，又显示了人生的新的追求。从形象上看，这些行动都很淳朴、很原始，带有强烈的游牧色彩。或许，海子正是想通过这些行动来展示一种自由的生命状态，并暗示作为一种生命的行动，幸福本身确实具有一种原始主义的审美倾向。

“周游”即漫游，它是吟游的变体。“周游”意味着对物质的最少的依赖。更重要的是，随着依赖程度的陡然降低，我们可以让身心保持一种无拘束的自由状态。

“关心粮食和蔬菜”，意味着对乌托邦想象的矫正，意味着从抽象的原则回归到对大地的敬畏。可以说，在某种意义上，对大地的物产的关心，是我们回到新的辨认的开始。这种关心也促使我们在生存中保持一种细心和敏感。而假如缺少这种关注，幸福也必然会走样；没准还会堕入一种无边的虚妄。

“粮食”和“蔬菜”这两个词，都是被一般诗歌所排斥的日常词汇，诗歌中所钟爱的词汇往往是“丁香”“玫瑰”“橡树”“海棠”等高贵的植物，这两个“非诗意”意象的出现，恰恰是海子抒情诗的修辞特征——利用诗化的抒情体式与非诗化的日常词汇、经验间的张力，实现一种“化腐朽为神奇”的转换。

熟读海子诗歌的人都知道，“麦子”和“麦地”是海子诗歌中最常见的意象（有人统计过，“麦子”在海子诗歌中出现不下百次）。作为幸福的元素，为什么海子在此诗中选择了土地上生长的食物的大类——粮食和蔬菜，而不是具体的带有海子独特情感的物种——麦子呢？这涉及海子此诗中的幸福观，在诗歌的第二、三节会得到解答。

2

从明天起，和每一个亲人通信

告诉他们我的幸福
那幸福的闪电告诉我的
我将告诉每一个人

“和每一个亲人通信”，意味着向别人尽可能地开放自己。这会让人想到海子在《幸福的一日》中申明的幸福和开放性的关联：

幸福找到我
幸福说：“瞧　这个诗人
他比我本人还要幸福”

在劈开了我的秋天
在劈开了我的骨头的秋天
我爱你，花楸树

幸福，意味着需要不断敞开自己的生命，这种敞开会非常剧烈，就如同我们的身体被从中劈开。奇异的是，这种劈开没有疼痛，反而让我们更加坦然地面对秋天的盛大。这里，海子的诗歌意图是，每个人的生命都不应封闭起来，而是应该不断向大自然敞开，向自然中更大更美的事体开放。

在海子看来，幸福就是走出旧我，出离旧有的狭小天地，重新敞开自己。一句话：幸福，意味着我们必须学会从自我的开放中获得一种生命的博大。

“给每一个亲人通信 / 告诉他们我的幸福”“我将告诉每一个人”，很显然，这里涉及幸福的可传递性、可分享性。那么，什么样的幸福是可以传递，是在传递过程中不但没有损耗而且还会增加的呢？

以物种论，应该是平凡、中性、包容的大类——譬如“粮食和蔬菜”（几乎所有人面对“美食”都会觉得幸福），而不能是与个人经验、意识、情感紧密相连的独特物种——譬如“麦子”（吴侬软语的苏州人对于西北的面食可能缺乏幸福的感受）。也就是说，可以传递的幸福，应该是没有尖锐性的、可以广泛包容的大类。

以言行论，应该是平常、普通、共性的事物——譬如“晒太阳”“看花”“睡觉”，而不能是独属于个人意识和感受的——譬如化学巨佬对化学的热爱（作为理科学渣，我不能理解梁凯的幸福）。毕竟，具有精神尖锐性、排斥性的言行，在分享和传递的过程中，不可避免会遇到沟通的障碍。在实验中学的校园里，吴萝龕君对京剧的热爱，不就相当“曲高和寡”吗？

列夫·托尔斯泰在其巨著《安娜·卡列宁娜》开篇就写道：“幸福的家庭都是相似的，不幸的家庭各有各的不幸。”可见，不幸是有个性的，是独特的，而幸福是没有个性的，是共通的。所以，海子想传递给每一个亲人的幸福一定不是他的诗歌创作，不是他的独特精神生活，而是可以引起亲人共鸣的事物。“告诉我的”，我也将“告诉”他人：这是共鸣的一种方式。另外一种方式，就是积极从事新的命名。

3

给每一条河每一座山取一个温暖的名字
陌生人，我也为你祝福
愿你有一个灿烂的前程
愿你有情人终成眷属
愿你在尘世获得幸福
我只愿面朝大海，春暖花开

“给每一条河每一座山取一个温暖的名字”，诗人的意思是，幸福必然会演化成一种神奇的力量；幸福不仅可以激活个体生命，而且通过共鸣，它也可以烘托出一种宏大的生命氛围。幸福让我们多少获得了一种转化痛苦的能力，让我们重新具有一种宽广的胸襟。对事物的命名，对环境的命名，反映出我们改造世界的一种能力。通过命名，我们不仅能认识事物和环境，也完成了生命自身的改造。所以，取一个名字，绝非看上去那么简单。海子将命名和幸福联系在一起，将命名行为演绎成幸福的一种自我体验，显示了诗人的一种洞见。

对陌生人的祝福,“有一个灿烂的前程”“有情人终成眷属”“获得幸福”——这些其实是祝福的套话，甚至可以说是陈词滥调。可是，这是诗人“群发”给他人的祝福，就好比我们在节日群发给亲友的祝福微信一样，不都是“节日快乐”“身体健康”“工作顺利”这样的套话吗？你所要的幸福，我所要的幸福，不就是这么“通俗”的吗？

在海子看来，由于现代文明的畸形，人们无论是在他们所处的时代还是在他们关乎历史的记忆的情境中，都日益歪曲了对幸福作为一种原初生命意识的感受能力——现代人的幸福意识也许越来越复杂、精微和装饰化了，对它的追求越用力，反倒离它越远。所以，他认为自己有责任通过诗歌来帮助人们恢复对幸福的原始感受力。幸福也许就在那些简单、普通却基本的事情中，或者就是那些事情本身。就是“喂马，劈柴，周游世界”“关心粮食和蔬菜”，就是“和每一个亲人通信”，就是祝福陌生人“有一个灿烂的前程”……

到目前为止，这首诗里的“我”是温顺的，亲切的，没有棱角和锋芒，没有挑战性，没有质问的痛苦和激愤，他与世界的关系是如此和善、完美。然而，诗中一个出人意料的结尾出现了：

我只愿面朝大海，春暖花开

很明显，此处的“面朝大海，春暖花开”对第一节的“面朝大海，春暖花开”构成反讽。它剔除“尘世”幸福的种种内容，把“面朝大海，春暖花开”作为身在尘世中的向往和精神寄托。

那么，这里的“面朝大海，春暖花开”该如何理解呢？我们也许可以从海子的短诗《夜色》中窥见“天机”：

在夜色中
我有三种受难：流浪、爱情、生存
我有三种幸福：诗歌、王位、太阳

海子祝愿陌生人都获得“尘世”的幸福，他自己呢，他选择的幸福是“诗歌、王位、太阳”。纵然诗人对尘世幸福有着强烈的憧憬，但他对诗歌的圣徒般的追求，却是很难与这一切共存的。也可以说，他肯定了世俗的幸福，以他对生命和人性的全部体验，他也充分理解了尘世幸福对人们的意义，所以他要为之祝福。只不过这种祝福，是他在前往“大海”的路上对人们的祝福。他把祝愿留给了世上的人们，而他知道他自己既不可能获得这一切也不可能安心于这一切。这正如他在《祖国（或以梦为马）》中所表白的：

我要做远方的忠诚的儿子
和物质的短暂情人
……
和所有以梦为马的诗人一样
我借此火得度一生的茫茫黑夜
……
和所有以梦为马的诗人一样
我选择永恒的事业

我的事业　就是要成为太阳的一生

尘世幸福无比美好、无比温暖，然而，判断海子一生的，仍是另一种尺度。

他最终要把自己献给的，仍是那种遗世独立的诗歌理想。

爱尔兰著名诗人叶芝曾说："是生活的完美还是工作的完美，一个艺术家必须做出抉择。"(《选择》) 海子做出了他的选择——工作的完美，当然，这里的"工作"单单指向他的诗歌理想。

西川在《怀念》一文中说："海子没有幸福地找到他在生活中的一席之地。在他的房间里，你找不到电视机、录音机，甚至收音机。海子在贫穷、单调与孤独之中写作，他既不会跳舞、游泳，也不会骑自行车。"在尘世生活中，这个乡村少年没有寻觅到幸福，"因为生活和伟大作品之间 / 总存在着某种古老的敌意"(里尔克《挽歌・为一位女友而作》)。他最终摈弃了尘世的幸福，选择了以全部生命来承担一部"伟大作品"的命运。

北大中文系吴晓东教授说："选择尘世的幸福可能意味着放弃伟大的诗歌理想；弃绝尘世的幸福则可能导致弃绝生命本身。"

4

诗的开篇，诗人劈头就说：

从明天起，做一个幸福的人。

这个简洁干脆的句子，是一个重大的决定：很突然，但也经过了一番深思。这个决定，既是一种告别，向不幸福的生命情境告别；又是一种自我召唤，召唤新的自我，新的人生。

"从明天起，做一个幸福的人"，是什么使他做了这么一个决定呢？从诗的表面，找不出足够的线索。但这一句——"那幸福的闪电告诉我的 / 我将告诉每一个人"——隐含了重要的信息。幸福对生命的启示，犹如"闪电"对黑暗的洞穿和照亮。显然，这里的"幸福的闪电"是一个隐喻。"幸福的闪电"到底是什么？信息并不明确。不管怎样，这个"幸福的闪电"(即使是想象中的)使他感受到了幸福，而且决定传递幸福，决定做一个幸福的人。

有了这个决定，就与过去一刀两断了，“从明天开始”，就有了一个新的自我、一个新的世界，这个新的自我在新的世界里做过去没有做的新的事情，从而建立起一种新的自我与世界的关系。

可是，为什么要“从明天起”？

诗中的“我”好像是一个没有历史的人,“我”的历史要“从明天”才算起。“我”的过去,“我”的现在，好像并不存在。

现在的“我”,“明天”到来之前的“我”，是什么样的？处在一个怎样的世界里？和这个世界的关系如何？

一旦追问这样的问题，答案也就不言自明了。“我”过去和现在都不是一个幸福的人。“我”没有关心过粮食和蔬菜，“我”没有和每一个亲人通信，“我”也没有给陌生人“一个灿烂的前程”的祝福……

“从明天起，做一个幸福的人”，在某种意义上，这也是模仿一种日常的语言方式——我们通常会这样说：“从明天起，我要好好学习”“从明天起，我要健身”“从明天起，我要学摄影”……这些都是可以计划、可以设计的行为。然而，“做一个幸福的人”却是无法预先计划的，因为幸福是一件可望而不可求的事。当我们读到这样一个决定的时候，获得的恰恰是一种幸福的不可能感，是一个与幸福无缘的人的天真假想。

完成《面朝大海，春暖花开》两个月后，海子卧轨自杀，告别了这个他祝福的世界。

一夜之间，草原如此深厚，如此神秘，如此遥远
我断送了自己的一生
在北方悲伤的黄昏的原野。

（《花儿为什么这样红》）

四、死亡是一种幸福

关于海子之死，他的好友西川在《死亡后记》分析了七条原因：自杀情结、性格因素、生活方式、荣誉问题、气功问题、自杀导火索、写作方式和写作理想。提供这些原因，并不是要消解所谓"海子神话"的光环，而是要提醒读者，每个人都要独自面对具体的生活、具体的困境，即使是海子这样一个"不食人间烟火"的诗人。

对于西川先生这些具体的解释，我十分信服。然而，有时候，我也愿意从形而上的角度理解海子之死。

阿尔贝·加缪曾说："最清楚的原因并不是直接引起自杀的原因。"

看看海子的一些诗句，觉得他的离开，并不一定需要一个现实理由的支撑：

我达到了不应达到的高度

——《太阳·弑》

我已走到了人类的尽头

——《太阳·弑》

我把天空和大地打扫干干净净
归还给一个陌不相识的人

——《黎明》

一个"走到了人类的尽头"的诗人，他的死亡也许是对世俗化、物化世界的抗议，也许是对超越性、终极性境界的追求，也许是为诗歌殉道。即使他的死亡方式是那么暴力，它也未必是痛苦的。

如果我死亡
我将明亮

我将鲜花怒放

（《太阳·土地篇》）

我把天空还给天空

死亡是一种幸福

（《太阳·弑》）

诗人王家新就说：“海子是为诗歌而死，他的死不是出于绝望或者活得悲惨，很可能正相反，在他的最后一刻，幸福的闪电为他闪耀。”

西川在《怀念》中说道：“这个渴望飞翔的人注定要死于大地，但是谁能肯定海子的死不是另一种飞翔，从而摆脱漫长的黑夜、根深蒂固的灵魂之苦，呼应黎明中弥赛亚洪亮的召唤？”

“你所说的曙光究竟是什么意思？”这是你二十九年前的困惑。

我也不知道曙光是什么意思，但我知道：在时间的尽头，曙光向你致敬！

2018 年 3 月 26 日

“传奇”在一声悲鸣中终结

——周末读《倾城之恋》随感

初冬的京城，虽有朗日高照，却伴有凛冽北风，颇有些清寒。

郁达夫在《北平的四季》一文中盛赞道：“北平的冬天，冷虽则比南方要冷得多，但是北方生活的伟大悠闲，也只有在冬季，使人感受得最彻底。”也许是教学工作太忙碌的缘故，我实在未曾体验到“北方生活的伟大悠闲”。

然而不可否认的是，冬天有一种好处：因有暖气的缘故，屋里并不苦寒，手不僵冻，不必炙砚呵笔，这于自诩为“读书人”的我是大有裨益的。

午饭后在校园中漫步，银杏树清癯干瘦，地上还零星地残留着黄叶，阵阵寒风轻掠，卷起枯叶飘飞，发出阵阵“沙沙”的呜咽声，心中不禁泛起孤冷之意，快步逃回办公室，蜷缩在暖气房中。

随意从书橱里拿了本书，是张爱玲的小说集，信手翻开，竟是多次重读的《倾城之恋》，倒与心情吻合，就读了下去。

结尾时，张爱玲这样解说："香港的沦落成全了她。但是在这不可理喻的世界里，谁知道什么是因，什么是果？谁知道呢？也许因为要成全她，一个大都市倾覆了。"

范柳原与白流苏这段交往，也平实无奇。他们本应"相忘于江湖"，最后竟能相濡以沫，演变为这么一个哀感顽艳的故事，套用一句陈词滥调，靠的就是张爱玲"化腐朽为神奇"的文字功力。

范柳原和白流苏，颇似一见钟情，却因夹杂太多金钱因素，互相怀假伪装。最后，兵荒马乱中，浮现出了平静如水的爱情，没有《魂断蓝桥》的缠绵悱恻，也没有《卡萨布兰卡》的悠远愁怨。虽虚伪，世俗，却自有一股叫人哀怜的韵味。一切都接踵而来，来不及哀怨，亦来不及欣然，这就是生活。

传奇不需要被书写，它在街头巷尾不息地上演着。

将一段俗不可耐的爱情，安置在广袤的动荡背景下，除了张爱玲，谁还写得来这般苍凉？

文笔颇类似张爱玲的香港作家黄碧云曾说："我以为好的文学作品，有一种人文情怀：那是对人类命运的考问与同情，既是理性亦是动人的。……张爱玲的小说是俗世的、下沉的、小眉小貌的。……张爱玲好势利，人文素质好差。"这当然有偏激之处，但不可否认的是，张爱玲小说的人物，真的没有几个不是"下沉的、小眉小貌"的，曹七巧、姜季泽、范柳原、白流苏、吕宗桢……都让人情不自禁想起曹雪芹描绘贾宝玉的话——"可怜辜负好韶光，于国于家无望"。

傅雷也说《倾城之恋》是："华彩过了骨干，两个主角的缺陷，也就是作品本身的缺陷。"他以道德眼光观照范柳原，难怪没有察觉到这个虚浮男子身处乱世的象征意义。

范柳原和白流苏，总让我想起艾略特诗中"空洞的人"的形象：

"我们干瘪瘪的声音

一起低声细语时

嗓音微弱，也空洞无聊。"

如果把范柳原作为一个乱世中“空洞的人”来看，那么傅雷眼中有关其人行状的种种败笔，正是张爱玲塑造这玩世滑头的男人成功之所在。

柳原笑道：“你知道么？你的特长是低头。”流苏抬头笑道：“什么？我不懂。”柳原道：“有的人善于说话，有的人善于管家，你是善于低头的。”流苏道：“我什么都不会。我是顶无用的人。”柳原笑道：“无用的女人是最最厉害的女人。”

这是一种小智小慧，打趣、调笑、玩世不恭，正是范柳原的特长。

流苏笑道：“怎么不说话呀？”柳原笑道：“可以当着人说的话，我全说完了。”流苏噗嗤一笑道：“鬼鬼祟祟的，有什么背人的话？”柳原道：“有些傻话，不但是要背着人说，还得背着自己。让自己听见了也怪难为情的。譬如说，我爱你，我一辈子都爱你。”流苏别过头去，轻轻啐了一声道：“偏有这些废话！”

这是只属于范柳原的口吻，油腔滑调，但并不低俗，“挺高雅的调子”。

范柳原聪明，有钱，爱玩，有时间，既无打算要做些什么伟大的事救国救民，也不想正正经经娶个女人安家过日子。作者就让他在女人面前打情骂俏，说些废话，露出智慧，带点戏谑，有淡淡感伤颓废，显其浪子本性之余，也让我们看到了作者不凡的身手。傅雷给范柳原看相，功力不逮的地方就在这里：范柳原在小说中越是空洞无聊，越能看出张爱玲把这个角色的潜质发挥得淋漓尽致。

一个空洞无聊的男人，几分机巧风趣；一个失婚末路的女人，些许自私算计。真真假假中，演出了一个苍凉的爱情故事。

柳原跟流苏在浅水湾酒店散步时，在一堵灰砖墙壁的面前，说过这么一句话：“有一天，我们的文明整个毁掉了，什么都完了——烧完了、炸完了、坍完了，也许还剩下这堵墙。”每次读这段话，我总会想起艾略特的诗句：

“世界就是如此终结的，
没有轰然巨响，
只有一声悲鸣。”

2012年12月8日

一面永不屈服的旗帜

——读显克维支《灯塔看守人》

正如米兰·昆德拉所言，东欧，包括波兰、捷克等国，如同一只蝙蝠，匍匐在亚欧大国穷兵黩武所必经的狭长的战略走廊上，这决定了在他们的历史上家园反复被践踏的命运。大批的波兰人因此而背井离乡，颠沛挣扎在异乡的土地上。当显克维支以一个异乡旅人的身份长时间地周游美国时，这种深深根植在他波兰血统之中的历史因子在某个时刻不可避免地浮现，而自身离群索居的处境也在恰如其分地呼应着这种感觉。因此，自然地诞生了我们所看到的怀乡之作《灯塔看守人》。

有人认为，《灯塔看守人》的创作，是为了“描写和揭露”波兰侨民在美国的悲惨生活。诚然，我们不能忽略在这种看法中时刻紧绷的阶级警惕。但是，我们在小说中看到的，更多的是沉重的民族感和历史感，以及人生的荒谬性。而美国，只是一个偶然出现的异乡的代称而已。

小说的故事极为简单。美国驻巴拿马领事必须在过去的灯塔看守人离奇失踪后的 12 小时内找到一个新的灯塔看守人。令他庆幸的是，很快就有一位老人自荐愿意接任这份工作。一个波兰人，史卡汶思基，许多年前离开了故土，参加过波兰、西班牙、法国、匈牙利和美国的许多场战争，一枚枚勋章证明他曾经是一个勇敢的战士。而此刻，他自愿去做一名忠诚、小心然而孤独的灯塔看守人，他的理由很简单：“我正是需要休息啊。”他经历了太多的喧闹，而真正没有懂得的只有“安静”了。

史卡汶思基终于在漂泊了许多年以后有幸开始一种宁静而简单的生活。他的工作很简单，就是每天在黄昏太阳落下时爬上灯塔，打开导航的灯，而在黎明的时候再关掉它。剩余的时间，老人面对着空阔的天空和大海，陷入了对往事的回忆。他想起了他残酷的命运，每一次在流浪途中，当他支起帐篷，安好炉灶，正想做久居之计时，便会有命运的大风过来，摧倒他的帐篷，熄灭他的炉火，逼得他重新开始。所有的往事就像一次次简单的轮回，似乎无论他怎样努力，最后都不得不屈服于宿命的安排。

然而，在这孤寂无人的小岛居住了一段时间以后，他似乎再次燃起了成功的希望，因为这一次，他想得到的，仅仅是最简单、最宁静、最与世无涉的生活。而他还有一种卓越的品质，在无数次的失意之后，依然坚信一切总会好转。

海湾美丽的景色抚慰着老人，他逐渐地进入了一个灯塔看守人的角色，并且陶醉在这个多年不可得的迷梦中。他与他的灯塔、灯、岩石、沙滩成了相依的伴侣。他甚至想既然世上有人为残疾人造屋，为什么上帝就不会宽厚地收容他这个残疾人呢？他甚至开始有空怀想起遗忘了许多年的故乡。

然而，惊醒的一刻不期而至。有一天，他收到一个包裹，里面是波兰诗人密支凯维奇的一本诗集。美丽的诗篇使人心如潮涌，哽咽不已。他离开故乡已经有 40 多年了，而今天已经遗忘的故乡的语言越过重洋，殷勤地找到了他这个阔别故乡 40 年的游子。一瞬间，他泛起了一种博大的爱心，在这对祖国的爱心前，其他的一切都变得无足轻重了。他希望祖国宽恕他的遗忘，他一遍遍地读着诗集，直到睡去，直到在梦里回到童年故乡轻柔的怀抱。

但他忘记了点灯，他忘记了他至关重要的职责。生活用塞壬对待奥德赛的方式对他再次玩弄了一个荒谬的恶作剧。他被解职了，重新开始了流浪，怀揣着那本诗集。

故事虽然简单，作者也基本上使用着白描式的语言，但是，在简朴的文字背后，蕴含着深刻的人生思考和浓厚的历史感。

作品的标题“灯塔看守人”，赋予了作品一种独特的气质。不需要过多的解释，我们可以感觉到，在这几个字的背后，在这个职业的背后，透露着一种因为孤独而单纯、因为沉思而高贵的独特气质。无怪乎当年爱因斯坦谈到他的职业选择时说，如果他可以不当一个物理学家的话，他最愿意的是去做一个灯塔看守人。

而随着故事的推展，作者通过一个简单而直接的转换，不动声色地向我们展示了生活荒谬甚至残酷的一面。我们最终得到的结论是人生更高层次的荒谬和痛苦总是集中在类似于佛经所谓的“爱别离”和“求不得”之上。在显克维支的小说中，那个白发苍苍、衰老而疲惫的灯塔看守人也被命运驱赶着，永无可能在一个地方安营扎寨。自愿选择什么样的生活和被给予什么样的生活之间，往往有非个人的力量可以逾越的鸿沟，就好像俄狄浦斯不能选择自己“杀父娶母”的命运一样，又如刚提到的那样，波兰人永远无法再次决定他们的国土是否恰恰是一条战车必经的走廊，这也许是显克维支作为一个历史小说作者的历史意识的雏形。

在展现史卡汶思基颠沛流离的生活的同时，显克维支在小说中更具戏剧性地表现了人物在精神层面上所遭受的灾难。显克维支并没有采取一种直截了当的手法，正面渲染史卡汶思基所遭受的精神痛苦，相反，那场扫荡他已经拥有的宁静生活的灾难，在一开始却被伪装得深情款款，像一首缠绵的故乡小夜曲。事实上，那只是所有苦涩结局的巧妙伪装。当波兰诗人密支凯维奇歌颂祖国的诗句在灯塔看守人的眼前一一展现的时候，小说主人公内心的宁静便开始崩溃，他流浪的生涯注定要重新开始了。然而，显克维支推出的这位流浪英雄和海明威笔下的圣地亚哥有着同样的气质，他们不是为了验证命运的残酷性而生，而是现实中的西西弗斯，总是在人类精神领地的最后堡垒上捍卫着陈旧而尊严的旗帜。

这面旗帜就是永不屈服，就是永远以战斗的姿态面对生活的荒谬性。

2012 年 12 月 26 日

百年“孤独”的秘密

——班级报纸“共读《百年孤独》”专栏导读

那是 1967 年秋日的一个午后，哥伦比亚马孔多小镇正下着淅淅小雨，一位作家完成了酝酿多年的小说，苦苦维持家用的妻子也松了口气。原本他计划半年完成，结果每天写作 8 小时，一写就是一年半。只是在准备给出版社寄稿件的时候，夫妇俩发现已经付不起邮资。他们当掉家中所剩最值钱的电器——榨汁机，终于把手稿寄了出去。阿根廷的南美出版社于当年出版该书，到 1987 年，20 年间该书已在全球以 30 多种语言发行，售出 3000 万册。

这便是加西亚·马尔克斯和他的《百年孤独》。通常情形下，励志故事讲到这里就该揭示这巨大成功的“秘密”。但是，就连马尔克斯本人也承认，他搞不懂为什么这样一本书会“像地铁站口的热狗一样畅销”。身为读者，我对它的风靡世界更是感到不可理解，因为，这实在是一本太小众的书了。毕竟，马尔克斯不是米兰·昆德拉，也不是村上春树。

读大学时，有位研究拉美文学的教授在课堂上说《百年孤独》是他看过的最好的小说。课下，当我好奇地问他好在哪里时，他沉吟片刻给出了一个颇具玩味的回答："信息量极大。"倒让我想起鲁迅先生评《红楼梦》："经学家看见《易》，道学家看见淫，才子看见缠绵，革命家看见排满，流言家看见宫闱秘事……"，也就是所谓的"一千个读者有一千个哈姆雷特"。

不妨把鲁迅评《红楼梦》的这个模式套用过来：一部《百年孤独》，作家们读出了全新的小说理念和写作手法——君不见莫言、余华、格非、苏童、马原等几乎一代中国作家都在不同程度上受到这部魔幻现实主义作品的影响，甚至文坛曾一度盛行所谓的"百年孤独体"；学者们兴奋地阐发小说中的微言大义，读出了整个人类文明的兴衰演义——君不见从《圣经》创世纪般的开辟鸿蒙，《瓦尔登湖》世外桃源式的乌托邦，到现代工业文明的"侵入"，由之而来的冲撞、变迁、衰落，以致最终启示录般的毁灭殆尽；考据爱好者们读出了数百年的哥伦比亚史、一部拉丁美洲史——君不见主人公奥雷里亚诺上校在某种程度上正是从玻利瓦尔到切·格瓦拉等一系列"解放者"、革命者的化身缩影；文学爱好者们读出了其中奇妙的互文之网——君不见贯穿全书的老吉普赛人梅尔基亚德斯的羊皮卷隐隐在向《堂·吉诃德》致敬，同为"文学爆炸"代表的墨西哥作家卡洛斯·富恩特斯、阿根廷作家胡利奥·科塔萨尔、古巴作家阿列霍·卡彭铁尔笔下的人物也在加西亚·马尔克斯的书中一一现身，俨然与真实历史人物相同……

《百年孤独》可以说是一部魔幻小说，一部历史小说，一部言情小说，一部寓言小说，一部幽默小说……甚至还有慧心人把它看成一部"孤独百科全书"，或"抵抗孤独方法大全"。它是一本书，也同时是许多本书，就如《红楼梦》，读者尽可以各取所需，各展所长，从自己喜爱或擅长的角度解读、剖析，却都无法穷尽。据说这正是经典作品之为经典的标志之一，恰如卡尔维诺在《为什么要读经典》中所说："一部经典作品是一本从不会耗尽它要向读者说的一切东西的书。"

每位读者都有自己的阅读理由和不可替代的阅读经验，每一时每一地的读者所有的理由和经验合在一起，成就了《百年孤独》的神话。这么说似乎有些厚此薄彼，因为话说回来，全世界的喧嚣热闹也比不上书房的一灯如豆。自从1982年戴上诺贝尔文学奖的桂冠，加西亚·马尔克斯经历了无数鲜花着锦、烈火烹油的辉煌岁月，或许他偶尔也会怅然怀念当年在墨西哥城斗室中负债累累仍孜孜写作的日子。写作也罢，阅读也好，正如《西方正典》的作者哈罗德·布鲁姆所说，终究是“与自己的孤独相处的艺术”。

2017年11月

卷二　心灵的后裔

“人生难得有情痴”

——写在2012年《雷雨》话剧演出活动后

文学是有一盏灯的，一盏诗性之灯，从内部点亮文字的灯。然而在如今的语文教学之中，这盏灯正慢慢地暗淡下去了，似要熄灭……

终于，这一次，在实验的舞台上，我们感受到了这盏诗性之灯的温暖，我被话剧（当然也是文学）的光芒所震慑。十六七岁的演员们凭借精彩的演出一下子就抵达了这盏灯的深处——这灯，将涌向星辰，将飘向春天，照亮每一位观众的人生。

话剧虽有四幕，但专属于演员们的姿态与精神却只有一种，保持并且贯通始终。这就是投入——用时间投入，用精力投入，更用心投入。

“人生难得有情痴”，演员们确是最痴的，他们痴于戏。一个人，把全部心力毫无顾忌地托在一样东西上。这东西是话剧，呈现在教材上也许是冷冰冰的文字，演绎在舞台上却是感人至深的艺术。演员们把一个月都托在“戏”里了，而且，我相信，那种“托”是托以终生之托，他们的一生一世都将托在各自演出的“戏”里，久久回味、念念不忘。

希望，更相信：话剧将永存于实验中学的舞台上，话剧精神将永存于每一个实验人的心中。

写给即将成人的你们

——2014 届高三 13 班成人礼赠言

同学们：

或者，请允许我加一个平庸的形容词——“亲爱的”。

窗外是冬日的衰飒，但阳光很暖，风很温柔，让我紧闭的心园草长莺飞起来，可以敞亮地来写这封长信。

首先，在此表示深深的歉意，抱歉没有时间给每位同学单独写一段寄语，只能以一封“群发”的长信，祝贺大家的成人冠礼。

在这近两年的时间里，你们从我的学生变成真心关切的朋友，你们一直支持我、安慰我、鼓励我。世间有这样无法回报的友情，只能借用吴荻老师虔信的佛教说法，是善缘。但缘分二字之外，我仍有不尽的感激。

在你们的高中阶段，我不仅是点燃火炬的人，也是漫漫长途的陪跑者。如果我记得不错的话，我应该是唯一一位从班级成立开始（2012 年初春），带你们一直走到终点的老师（2014年6月）。

也许正因此，我有资格在这儿写几句话（为此，我感到莫大的荣幸）。

亲爱的同学们，“考试人生”还没有结束，你们迎来了十八岁，希望最后的六个月，你们依然能奋进，从这不可违抗的集训式的强势教育中突破出去。我一直坚信，明年六月，你们的收获应该是“华枝春满，天心月圆”。

我知道，为了迎战明年六月的高考，你们的高三过得很疲惫、很单调、很枯燥。但是，请大家不要抱怨高考，不要视高考为仇雠。请相信，人生在经历了如炼狱般的高考之后，会变得厚重丰富起来。无论如何，未来的日子都比今日置身书海的努力要复杂艰难得多。

今天的“90后”们心里是明镜似的，你们看世界很简单，它就是两大块：一个是要多强大有多强大的社会，另一个是渺小的孤零零的自己。在此，我不想强调你们对社会的责任（“以天下为己任”？），我个人不欣赏激昂愤慨、拍案而起，我们那代人的特征不该平移切换给下一代，你们有理由更理性、更淡定、更包容，具有多向度的价值取向。那么，我们或许可以提出诸如此类的命题——建设我们自身，如同建设这个世界；关照我们的精神，如同关照我们的物质。

亲爱的同学们，当你们清点十八年的点点滴滴时，是否也可以清点你们人生的财富？——你们的理性是否变得更加坚实和精粹？你们的感受是否变得更加敏锐和灵动？你们的心灵是否变得更加正直、勇敢和良善？你们在道德上是否变得更加清晰和富有力量？你们在语言和行为两个方面是否变得更加中肯和忠直？

亲爱的同学们，你们十八岁了，如今的你们，拥有一个对于自己的更高评价还是更低评价？你们对自己是更加满意了还是更加不满意了？在满足这个世界对你们的种种要求之后，你们是否考虑为自己做一些事情？

在这个世界生活十八年、求学十二载之后，你们是否可以停下来听一听自己的内心在诉说什么？从而考虑也许从此之后，按照自己的内心去生活，而不是让内心像一只壁虎似的不声不响地趴在墙上？按照自己的内心去说话，而不是漫天不着边际？按照自己的内心去行动，而不是像陀螺一样被人抽着转动？并按照自己的内心，去表达对他人的善意和敬意？倾听他人意见如同希望他人倾听自己的意见？尊重他人如同希望他人尊重自己？珍爱他人如同希望他人珍爱自己？

亲爱的同学们，请倍加珍惜余下六个月的中学生活。在三年或勤奋或不那么勤奋（有时甚至是有点偷懒）的学习之后，你们将以出色或不那么出色的成绩离开实验中学。不论在校期间，你们曾有多少抱怨，有多少不快，对我或其他老师有什么不满，都将过去；“而那过去的事”，正如普希金所言，“都会变成甜蜜的回忆”。这三年（咱们班只有两年半）的生活，将会是你们一生也走不出的风景。而接下来的六个月，将会是这风景中最重峦叠嶂的片段。

十八岁后，我希望你们都能就读于理想的大学。进入大学之后，你们会惯性地延续自己的前十二年，努力学习，保持好成绩。但是，那不一定是你们想要的人生，每个年轻的生命都渴望掌控自己，恣意自由。大学是什么地方呢？在我的印象里，那是一个读书、做梦、写诗、谈恋爱的好地方。希望你们能在大学里享受真正自由和美好的青春岁月。

十八岁了，我希望你们更加坚信文学的伟大。

很难想象，如果没有荷马、索福克勒斯、迦梨陀娑、但丁、紫式部、莎士比亚、歌德、拜伦、雪莱、雨果、福楼拜、普希金、托尔斯泰、陀思妥耶夫斯基、易卜生、波德莱尔、海明威、肖洛霍夫、艾略特、卡夫卡、乔伊斯、普鲁斯特、夏目漱石、里尔克、帕斯捷尔纳克、福克纳、川端康成、泰戈尔、伍尔夫、奥威尔、萨特、马尔克斯、卡尔维诺……没有这些在这个星空上闪烁的巨星和另外一些较暗的星星，我们怎么能够认识人的心灵是如此复杂、如此广阔、如此深邃？

很难想象，如果没有左丘明、司马迁、班固、吴承恩、施耐庵、罗贯中、兰陵笑笑生、吴敬梓、曹雪芹、蒲松龄、刘鹗、鲁迅、沈从文、张爱玲、老舍、萧红、汪曾祺、金庸、路遥、陈忠实、贾平凹、张承志、王安忆、苏童、莫言、刘心武、余华、阿来、毕飞宇、阎连科、刘震云、格非、迟子建……没有他们笔下恣肆汪洋、饱满丰富的人物角色，在这些人物身上体现出来的或深邃或宏大、或微妙或辽阔、或阴暗或明亮、或微弱或有力的思想感情，我们凭什么能够了解更加宽阔的人性空间，来观照自己所处的现实和内心？

很难想象，如果没有《诗经》中那些无名的歌者、屈原、三曹、竹林七贤、陶渊明、李白、杜甫、王维、刘禹锡、李商隐、李煜、欧阳修、柳永、苏轼、秦观、李清照、辛弃疾、姜夔、汤显祖、纳兰性德、黄景仁、龚自珍、穆旦、艾青、戴望舒、冯至、余光中、洛夫、北岛、翟永明、顾城、海子……如果没有他们的清词丽句，没有他们诗句中的愤怒或柔情、哀伤或沉静、悲苦或愉悦，我们用什么来为充满劳绩的人生解压，来为枯燥的内心增添色泽？

我总觉得文学的使命就是阻止整个社会变得无趣。

十八岁后，我希望你们更加懂得享受读书的乐趣。刘义庆编撰的《世说新语》“任诞篇”中有王子猷“雪夜访戴”的故事，真希望你们将来也能达到这个境界：“吾本乘兴而行，兴尽而返”，何必考试？何必拿学位？何必借此发表论文？当然，如此无牵无挂、自由自在的“读书”，是一种理想境界，现实生活中很难实现，“虽不能至，心向往之”吧。

伍尔夫描写过这样的阅读状态：“有时我想，天堂就是持续不断、毫无倦意的阅读。”现实世界过于沉重，而阅读给过我们天堂般的感觉，完全消除了我们身外的现实世界（或者至少使它的存在变得不那么重要）。正如我所深爱的诗人狄金森的诗歌中所颂扬的阅读：

没有一艘船能像一本书

也没有一匹骏马能像

一页跳跃着的诗行那样——

把人带向远方。

书能承载着你们的灵魂，带你们逃离这个世界。但是，必须认识到，你们不能在一本书里彻底躲避现实，或者真的以书为鸦片，选择蜷缩在书本的虚构世界而遗弃身边的真实世界。

亲爱的同学们，如果你们当中有人走上文学创作的道路，我会很欣慰，因为回应时代暴虐和历史无常的最好方法，就是以文学书写超越政治成败的人和事。

十八岁后，我希望你们更加坚信文明的力量。也许，在现实生活中，人的愚昧和野蛮不因文明的进展而消失，而且文明和野蛮之间，常常只有极其细微、随时可能绷断的一线之隔。但是，请想一想，除了文明，我们还有什么可以依靠？

十八岁后，我希望你们都成为理想主义者。也许，在现实生活中，理想主义者往往禁不住权力和金钱的测试：一旦掌有权力，他或许变成自己当初誓死反对的“邪恶”；一旦握有金钱，他或许变成自己当初无比憎恨的“邪恶”。但是，请想一想，一个没有理想主义者的社会，是多么的可怕。

十八岁后，我希望你们能活得更有尊严。21世纪是一个人文精神遭遇空前挑战的世纪，不断发展的技术与不断扩张的物质欲望把人类的心灵挤压得越发干瘪。就像卓别林在《摩登时代》里讽刺的一样，我们正可悲地成为机器流水线上的一部分。可悲的是，我们生活的这一片土壤，给我们提供的尊严空间实在太小：如果你走在路上突然内急，你就不得不去那臭气熏天的公厕；如果你去某个政府部门或机关单位办事，你就不得不忍受那些工作人员的白眼和傲慢；如果你将来从事媒体行业，你就不得不为了应对宣传部门的审查而撤掉精心撰写的为民生疾苦而呐喊的稿子……我们被迫越来越现实，一点点放弃尊严。我希望你们可以活得有尊严，并帮助更多的人争取有尊严的生活。

十八岁后，我希望你们可以懂得尊重历史。也许，正如胡适先生所言：“历史是个任人打扮的小姑娘。”前朝史永远是后朝人在写，后朝人永远在否定前朝，它的后朝又来否定它，但负负不一定得正，历史在累积渐进中扭曲、变形、移位，使真相永远被掩盖，无法复原。但，对于历史真相的追求可以永无止境。

正如钱穆先生在《国史大纲》扉页上所说，我们必须附随一种对本国以往历史之温情与敬意。我们需要铭记那些在国家丢失大好山河后依然誓死守土的战士，我们需要铭记那些在各种极权统治思想桎梏下依然坚守自由意志的文人，我们需要铭记那些单纯洁净地为建设华夏民族大厦而备尝艰辛的科学家……他们是这个民族的脊梁。当然，我们也决不能粗陋地以成败定英雄。许多“失败者”，他们自有其所秉持的理想和圣洁的人性光辉，同样值得我们尊敬。

十八岁后，我希望你们更加坚定地守护内心的诗意。王小波说：“一个人只有今生今世是不够的，他还应当有诗意的世界。”也许，“诗意”在你们的理解中常常是肉麻的，是虚假做作，是空泛抒情，是舞台上耸动的表情、手势和朗诵腔——长长的瘆人的一声“啊……”。多年以来，教科书、电视机、不同的老师灌输给你们的固定印象。请相信，真正的诗意远不是这些。我不能确切地告诉你们什么是诗意。但是，在那些诗词歌赋里，在那些小说散文中，在那些文人雅士身上，确实能透露出某种可以叫作“诗意”的感觉。天光云影，牧草如毡，是诗意；嫩寒清晓，竹篱村落，是诗意；金戈铁马，纵横大漠，是诗意；南渡北归，冲冠怒发，是诗意……当然，庸常一点的诗意还有内心的安然、清妙、闲散，而这些，是我希望你们在今后的生活中享有的。

十八岁后，我希望你们享受更多思维的乐趣。生活在一个信息爆炸的时代，我们无疑应感谢大众传媒，它们使每一个捍卫自由的声音有了光大的可能。然而信息洪流中充斥着许多主观色彩浓重的二三手信息，它们歪曲事实，它们远离真相。看看周围，不难发现，信息已经泛滥到人人只需一知半解便可侃侃而谈了。这是我们这个时代的无知和傲慢。这时候最可贵的是保持内心的警醒与自持。一个冷静思考的人，所面对的不是非黑即白的世界，也不会去轻易划分阵营。他甚至会主动与主流舆论保持距离，求得以与事物的本源坦诚相对。总有一些力量试图封锁知识、钳制思想、灌输善良，请坚守你们的思维领土，保持你们清明的理性！

十八岁后，我希望你们能渐渐明白，大多数人的人生是平凡的，生活中大部分时候是庸常的。文科的教育往往令许多人从骨子里喜欢那种激动人心的时刻和时代，甚至使人膨胀——“天下英雄，舍我其谁？”但那些激动人心的、悲伤欲绝的时刻，在生命中毕竟是少数，在更多的时候，你们得接受生活的波澜不惊。几乎所有的人，都会经历读书、工作、结婚、为人父母、退休等阶段。我们每个人都生活在，也只能生活在日常的琐碎之中。在一番豪情满怀、壮志凌云的时光后，请接受生命的庸常。

十八岁后，我希望你们能慢慢读懂人生的无奈。很小的时候，父母和老师就告诉你们：“一分耕耘一分收获”“功夫不负有心人”“书山有路勤为径，学海无涯苦作舟”“天行健，君子以自强不息”……包括我，有时也会在讲台上“欺骗”你们：“你们的前途是光明的，只要努力……”而事实上，有时你们不得不面对人生宿命般的苦涩：即使付出了卓绝的努力，很多人依然会在人生的战场上溃败；即使不断拼搏，很多人仍会终其一生落魄而艰辛。失败是人生的必修课，跌倒过的人，往往更深刻、更坚韧，任何事情都能泰然处之。

十八岁后，我希望你们慢慢能享受生命的孤独。成人礼意味着你们独自的修行之旅即将开始。在与世隔绝的修行小径之外，有很多人希望捎给你们一个温暖的眼神、一句轻柔的话语、一个结实的拥抱……但是，修行的路总是孤独的，因为智慧必然来自孤独。人生由淡淡的悲伤和淡淡的幸福组成，在小小的期待、偶尔的兴奋和沉默的失望中度过每一天。你们得孤独面对，素颜修行。

暑假结束后，我成为你们的班主任，几乎与此同时，我成为“匆忙”的俘虏。只有偶尔的夜晚，歌德所说的“静谧的激情”才会从心头泛起。那往往是悲观之时：我对自己备课能力的深刻沮丧，我对自己管理班级能力的深刻失望。学校给的压力，年级领导给的压力，备课的压力，班级管理的压力……这一切，让原本健康的我身体疲劳如霜雪重压下的枯枝，让初登高三讲台的我莫名烦躁、莫名忧伤。在各种莫名情绪的控制下，有时我会批评你们，有时我会埋怨你们……但是，请相信，做老师的，对学生永远是一腔真挚的爱。

偶尔的胡思乱想时刻，我也会害怕：一段岁月流逝之后，会留下些什么？那些曾经的悲伤和快乐又会保持多久的温度？明年六月之后，我们会不会像风中转蓬一样，各自飘向渺茫，相忘于人生的荒漠？

冬天的夜晚，很黑很静，风声自远处幽幽传来，听起来像是低声呜咽，在解释一个说不清的痛楚。

最后，深深地祝福你们，祝你们拥有灿烂的前程，祝你们每一个人都幸福！

爱你们的　樊后君

2013 年 12 月 5 日深夜

心灵的后裔

——爱、友谊和自由

尊敬的各位老师：

大家上午好！

很荣幸作为2014届的高三班主任代表在此发言，感谢年级组长金光泽老师的推荐。

方东美先生说："学生是心灵的后裔。"

于我而言，教书首先是一份工作，是安身所需。但它从来不只是一份工作，更是一种传递——知识的传递、思想的传递、爱的传递。我常常将我二十多年所读、所思、所想与学生们分享，教室聚散之外，另有深意。他们，都是我心灵的后裔。

既称"心灵的后裔"，自然有心与心的对话，有贴近心灵的知识传承，有熨帖心底的友谊和爱。

去年教师节我收到一份特别的礼物，是我的学生杨思汀给我写的一首诗——

有或者没有你在，环顾我的四周，看到的尽是他乡

只不过或许你在时，我不敢憧憬的远方变成了故乡

离开永恒的城邦，加入投机者的长征，尖声呵斥的时钟令我心惊胆战

好在我可以歌唱共同的思维。在黑暗成为光明，在光明成为黑暗的时候，它把我们联系在一起

让我看到不存在之物的光明，不是知识，而是爱、友谊与自由

她用了三个词——“爱”“友谊”“自由”——来概括我所给予她的，其实这三个词，也是我一向给予13班全体同学的。

“爱”

作为培养人的工作者，有时或可将教师比作希腊神话中的皮格马利翁。此人以其精湛技艺雕刻了一座美丽的象牙少女像，并在夜以继日的工作中将其精力、热情和爱恋赋予了这座雕像——最后，爱神阿佛洛狄忒依皮格马利翁的心愿将生命注入了他的“伽拉泰亚”雕像。

为人师者，我们也总是把爱注入每一个学生的心灵中。

对于处在高三这种不可违抗的集训式的强势教育机制下的学生，引导他们怀抱梦想上路，也许是最好的爱的表现方式。

高三之前的暑假，我给学生们布置了一项作业——为自己设定一个目标大学，并制订学习计划。目标，就是他们的梦想，当然不是人生终极意义上的，而是高中三年甚或就是高三一年的。拥有梦想，使他们的高三之路不盲目、不迷茫。如今，高三已经结束了，他们有许多人实现了自己的梦想，也有一些人

折戟沉沙，但是，又有什么关系呢？他们找到了自己的定位，并为之付出过、拼搏过，这在他们将来的生命旅途中不是重要的能力吗？

作为班主任，对学生的爱的另一重要表现方式就是陪伴。去年 12 月 9 日成人冠礼，我给全班学生写了一封长信，其中有这样一段话：

“在你们的高中阶段，我不仅是点燃火炬的人，也是漫漫长途的陪跑者。如果我记得不错的话，我应该是唯一从班级成立开始，带你们一直走到终点的老师。”

我是一名新晋教师，没有足够的经验帮助学生们，所以我更多的是以一名陪伴者出现的。陪伴在侧，给予他们信心和面对困难的勇气，抑或偶尔挫败之后的抚慰。

高三于学生们而言，是生命的拐点，自然也是生命的困境。人在困境，自然需要他人的陪伴。但只有陪伴又是不够的，因为未来的人生他们终将要振翅孤飞。作为一名班主任，除了陪伴，还要引领他们，教他们学会建设自己。

我在他们成人冠礼的长信中如是写道：

“今天的‘90 后’们心里是明镜似的，你们看世界很简单，它就是两大块：一个是要多强大有多强大的社会，另一个是渺小的孤零零的自己。在此，我不想强调你们对社会的责任（‘以天下为己任’？），我个人不欣赏激昂愤慨、拍案而起，我们那代人的特征不该平移切换给下一代，你们有理由更理性、更淡定、更包容，具有多向度的价值取向。那么，我们或许可以提出诸如此类的命题——建设我们自身，如同建设这个世界；关照我们的精神，如同关照我们的物质。”

最后两句，也许可以作为我对学生们“爱”的引领——“建设我们自身，如同建设这个世界；关照我们的精神，如同关照我们的物质。”

“违千夫之诺诺，作一士之谔谔”的卓荦风姿何时锻造？

“独立之精神，自由之思想”何时淬炼？

“千磨万击还坚劲，任尔东南西北风”的韧性生命何时凝铸？

高中三年（尤其高三）是一个很好的机会。困境，让人成长得更迅速。师者，除了授业解惑，还得引领他们，教会他们建设自身。

喋喋不休地谈论自己对学生的爱，总是惹人生厌的。因为，爱更多的时候是藏在心底的，而不是在公共场合炫耀的。那么，请允许我进入第二个词——

“友谊”

谈论友谊依然需要从一首诗谈起——

当我谈论你的时候，其实是在谈论自己。
你不是一个低调的人，你极端聪明且骄傲，
你渴望夸赞，即便对方是陌生人。
必要时，你也会改变自己，并且
享受其中的过程与结果。

当我在谈论我的时候，当然也是在谈论你。
因为你是我的镜面与湖水，
立在岸边，有时我会故意扭曲你的形象，
即使你很恼怒。

在你改变我的时候，我也在改变你。
你很快会发现，经过几个你，那些
已经不再是你，而是你现在的一部分，

自然也是我的一部分。

所以当我在谈论我时，我也在谈论你。

你比世界略大，也比自己略大。

当你大于我的时候，也是我大于你的时候。

——2013 年 7 月 17 日，台北宜兰佛光大学

去年夏天，我们文科班去台湾游学的时候，杨思汀在佛光大学给我写了这首诗。当时我刚接手班主任工作，心情颇为苦恼，她用这首诗劝慰了我。

在我看来，这是一首写给最好的朋友的诗。

“当我谈论你的时候，其实是在谈论自己”“当我在谈论我的时候，当然也是在谈论你”“你是我的镜面和湖水”“你改变我的时候，我也在改变你”……这些句子，只有最为相契的朋友之间才可以这么说。

“必要时，你也会改变自己，并且享受其中的过程和结果”“你比世界略大，也比自己略大”，这是她对我的鼓励。正是在收到这首诗之后，原本处于挣扎、痛苦中的我决定要全力以赴带他们走完高三的艰辛之旅。

下面这一段话也是我和学生们友谊的见证：

“在这近两年的时间里，你们从我的学生变成真心关切的朋友，你们一直支持我、安慰我、鼓励我。世间有这样无法回报的友情，只能借用吴荻老师虔信的佛教说法，是善缘。但缘分二字之外，我仍有不尽的感激。”

作家张晓风说：“生命是一场大的遇合。”是的，许多的生命，一旦相遇，就不一样了。三年前，我刚硕士毕业，风华正茂，他们 15 岁，青春洋溢，就这样，简单地相遇了。感谢这一次的相遇，让我获得了诸多珍贵的友谊。

我在他们成人冠礼的长信里如此写道：

“偶尔的胡思乱想时刻，我也会害怕：一段岁月流逝之后，会留下些什么？那些曾经的悲伤和快乐又会保持多久的温度？明年六月之后，我们会不会像风中转蓬一样，各自飘向渺茫，相忘于人生的荒漠？”

虽然每个人都想尽快逃离炼狱般的高三，但随着高考的日益临近，我们心头的不舍也日益加重。去年寒冬的一个夜晚，写下上面这段话后，我的泪水陡然奔泻……

走吧，
歌声和我们踏碎
这条冰雪的路。

走吧，
月光和我们升起
这条银色的路。

走吧，
眼睛望着同一片天空，
心敲击着暮色的鼓。

走吧，
我们没有失去记忆，
我们去寻找生命的湖。

走吧，
路啊路，

飘满了红罂粟。

这是诗人北岛的一首诗。

今年6月18日，高三硝烟散尽，我和一些同事畅游美丽的土耳其。大巴车在爱琴海畔驰骋，风光满眼。翻开手边的北岛诗集，偶然读到这首诗，想起刚刚毕业离去的学生们，不禁潸然。

在“飘满了红罂粟”的路上，我们各自寻找着“生命的湖”。“走吧……走吧……”北岛一唱三叹，究竟为谁感伤?

眺望窗外，碧海漫漫，关山难度。我泫然涕下，为这首诗，也为说不出的“再见”。

自由

自由是一个很难谈的话题。因为作为一名班主任（尤其是高三班主任），你给予学生自由，某种意义上就等同于你无所作为，高三管理工作平庸。在管理上，我所能给予学生们的自由其实很有限，更多的，我只能通过文学和艺术，给予他们内心真正的广袤的自由!

我的学生赵子诚常说:“戏剧是最自由的艺术。”他高二阶段在学校话剧《雷雨》中饰演周萍，如今已拿到了中戏的录取通知书。我自然不会自大到认为这一切是我的功劳，他个人的喜好、努力是最重要的。但平心而论，从我教13班的语文开始，我就一直鼓励学生们阅读戏剧、观赏戏剧，甚至表演戏剧，这也许在班级氛围里给了他自由发展的空间。戏剧很凝练，在优秀的戏剧里，人性中最丰富、最复杂、最矛盾的东西需要观赏者去细细体会，广袤的心灵是何其自由的空间！每一次从剧院走出来，生命都经受了一番洗礼，自由、活力又附着于身心。

阅读无疑也是自由的。伍尔夫描写过这样的阅读状态:“有时我想，天堂就是持续不断、毫无倦意的阅读。”现实世界过于沉重，而阅读给过我们天堂般的感觉，完全消除了我们身外的现实世界（或者至少使它的存在变得不那么重要），让我们在作者构拟的世界里自由飞翔。

我所深爱的诗人狄金森的诗歌中所颂扬的阅读：

没有一艘船能像一本书
也没有一匹骏马能像
一页跳跃着的诗行那样——
把人带向远方。

诗歌常常将我们带向“远方”，而不是粗糙喧嚣的当下。

我个人非常热爱诗歌，现实人生异常沉重，而阅读或创作诗歌，常常给我内心静谧的激情和自由。我曾经给学生们编过一本小册子，取名《在耳朵的悬崖上》，按周编排，每周三首古诗词、一首外国诗歌、一首现代汉诗、一首当代汉诗。让学生们在我的课堂上大声朗诵，或在他们内心最需要诗歌的时候默默涵泳。我相信，诗歌也能给予他们最真实的自由，指引他们远方所在。

我总是告诉学生们：“书籍的时代已经流逝，然而阅读却更显美好。”

“明月如镜，高悬草原，映照千年的岁月”，大自然是一个奇迹。我常常告诉学生们，用心去体会大自然，在自然的大美里让心灵自由驰骋。

就在前两天，在感受到早秋的巨大美丽后，我在微信朋友圈写下了这样一段话：

“秋日的午后已然没有了盛夏的溽暑，八零梦前的银杏叶也已泛出嫩黄，湛蓝的天空是白云游泳的大池子，巨大的摄人的美丽即将降临。孩子们，不要只是沉迷于课本，不要只是低头于手机，抬头，眺望，看一看那澄净的天空吧，还有那悦目的鹅黄，你一定会被这夺人的美击中！”

曾经读到过美国自然文学开创者之一、环保主义者先驱缪尔的一段话：如果一个人不能爱置身其间的这块土地，那么，这个人关于爱国家之类的言辞也可能是空洞的——因而也是虚假的。

我希望我的学生们爱校园的一草一木，在醉人的花香中阅读、思考，在怡人的绿意中学习、成长！

虽然我尽力给予学生们以上三者——爱、友谊、自由。但现实是如此的紧逼，人心是如此的复杂，这三者未必让每一个学生都真切地体会到了。如果是这样的话，那将是我深深的遗憾。

唯一可以欣慰的是，我真的有努力让每一个学生过得开心，过得自由（虽然是有限的）。也正是从这个意义上来讲，我觉得 13 班可以称得上一个生机勃发的班集体、一个精神明亮的班集体！

所以说，培育和雕刻的成品并不是如何精美的象牙姑娘，更重要的是（尤其是对于一个年轻教师、新晋教师），作为倾心的皮格马利翁，本人一切单向的寄望在阿佛洛狄忒那里得到了回应，并最终将本人的技艺、辛劳与感情变成了崭新的、鲜活的生命。

即使如此，这种比喻还是太自大了。因为学生的独立意识和生命力完全不可由教师随意雕刻，对于教师，当其培育对象的个性是自在的，我们以善意为出发点而进行的雕刻工作或许只会演化成自我心中的一厢情愿。这也就成为严肃的从教者之疲劳感的根源。

教师是“世界上最古老的新职业”。在古老的方面，从教的责任仿佛从文明的代际传承的使命感上获得了伦理上的规定，也即对学生知识技能的传递、品行人格的培育甚至价值情怀的养成。当教师个体面对如此巨大而沉重的世纪命题，一些愚钝和认真的，将其作为困惑的枷锁扣在肩上，此时学生成为监狱长了；一些执着却欠敏感的，在师生的关系中以本身的使命为最强硬之目的施与对方，此时不知不觉成为温和的施暴者（据我的学生如此说）；或有一些贪图安逸的，简单的，索性将自身所受教导的方法论抛于脑后，仅仅以从教作为谋生的手段。

这大抵因为从“新职业”的方面讲，我们的现代教育在改革背景下，与学生的关系当然渐渐蒙上市场化、交易化的阴影。也即“职业教师”同“非职业学生”逐渐形成了买卖技巧、交换成绩的变相的金钱关系：这虽然无非是一个庸俗而简单的结论，但本人在此两年作为新晋教师，以此角色之特有的敏感体察到了这种关系上更大的危险。那就是教师将其在教学生活中，与年轻的生命（学生）轻微接触中所获得的平庸的快乐甚至幸福，当作暂时欺骗性的抚慰。并误将此种抚慰当作职业生涯的美好意义。也即实质上，当教师完全明白自己处在老朽而静止的阵地上，我们迎接并送别（更重要的是送别）诸多批次的学生，就如一百年前目送年轻人被铁皮火车送往西线壕沟的站台上的老人；如果不将这些生命当作亲人，我们将不必计较他们在未来的堑壕中的命运。在最根本的关系中，教学双方仍然是施与受、各尽本分的冰冷关系。

而在教学成果完全可以由报告文字、成绩数字来衡量的今天，在本人经历过从教的第一次高考的现在，本人作为教师已经不再是教学生活的享受者，而暂时成为高考体系下的、与我的学生们同样的受评判者。这种为文字与数字所评判的处境，本人和学生们幸运地（不妨说体面地）成为相对的优胜者。然而，须知此种评判以其表面化、结论化的虚伪倾向，将渐渐抽离本人同学生们相处，成长过程中所共同创造的实质性的胜利；那种由稚涩走向成熟（对于学生是人生的，对于本人则是职业的）的道路，那由时间铭记的真正的、巨大的美丽。

那巨大的美丽是什么？本人以为，高中语文教学的过程，作为一贯的整体（包括高三的备考与作为班主任的班级管理工作），是教师与学生同时作为自然的人而相对、共同书写各自个人历史的过程。此种个人历史，当我们加以回顾，希望看到的是各人在现实生活中的创造与收藏——学生在教师引导下的创造，与教师在学生陪伴下所积累的收藏。而作为教师的收藏，也如本雅明对于“收藏”的概念那般，剥离人强加于物的功用，还原物——在此是教师作为朋友、长辈、成人与学生作为年轻的生命的关系，在此是意义深远的事件，是言传身教的影响与陪伴帮助的情谊——本身的价值，任其成为组成我们职业和生命的部分。

能“做到”这一点的，当同时是智者和圣人——于师者而言，智者尚可追，圣人不可及。但作为职业素养的一部分，“想到”这一点，大概是教师不可推脱的责任（责任的反面则只是懒惰了，而教师不可以懒惰）。

曾经我不明白为什么在很多颁奖典礼上获奖者都会用有限的时间去感谢很多人，当我也有这样一个机会（当然，我不是获奖者）总结陈词的时候，才发现除了感谢并没有太多话要说。所以，我无可例外地也要感谢：

首先感谢我的“孩子”们（或“朋友们”）——13 班的每一位同学。我给予了你们爱、友谊和自由，你们同样给予了我这一切，甚至更多。因为有了你们，过去的一年，虽然充满劳绩，却倍感幸福。

其次感谢 13 班其他五位劳苦功高的教师：温洪老师、钱丽华老师、吴国英老师、王宏伟老师、金光泽老师，你们不仅是孩子们知识上的传授者，更是孩子们人生的导师！

尤其要深深地感谢 13 班高一、高二时的班主任陆云老师，没有你，就没有 13 班！

感谢 13 班的家长们，感谢你们的倾力支持和倾情协助。

感谢年级和学校领导，谢谢你们在宏观上的指导，所给予的空间和关心、帮助。

最后，感谢所有关心、帮助、支持过 13 班的你们！

2014 年 8 月 26 日

一个白云游弋的秋日午后

（本文系作者 2014 年 8 月 26 日在学校教学年会上的发言稿）

礼赞或挽歌

——《与无关有关：高三阅读文选》自序

一、书的礼赞

一位犹太的思想家曾如此写道：

> “希望在下一页中。不要合上书。
> 我已经翻过所有的书页，但没有找到希望。
> 希望，可能，就是书。”

没有一项人类的发明能够与造纸和印刷术相比。它使人类文明从飘忽不定的口头传说，从死沉沉的泥石版或纪念性的碑铭转向日常而不失庄重的书籍形式。

尽管古希腊先哲苏格拉底控诉说书写的文明毁坏了人的记忆力，从某种程度来说，这也许是事实。但是，如果没有书写和书籍的记录，恐怕苏格拉底的这些指控本身，在数千年之前就被爱琴海的海风吹散了。纸张和印刷术使语言文字得以摆脱沉重而简古的书写，使大量的事情被从容地记录下来。

曾有一位友人在寄给我的一张新年贺卡上写道：“寄给你一本书，我知道这对你才是真正的贺卡。”的确，我时常感到一种本雅明式的渴望：“拥有一个图书馆的内在需要。”做过多年阿根廷国家图书馆馆长的博尔赫斯说：“我想象，天堂就是图书馆的模样。”对于热爱书籍的人，天堂难道还能够有另一种形式吗?

对图书说出多少赞誉都不为过，然而也有不喜欢图书的人，比如焚书坑儒的古代皇帝和现代君王，放火烧了古埃及著名的亚历山大图书馆的恺撒或者阿拉伯的哈里发。据说后者曾经如此辩解：如果图书馆里的藏书与《古兰经》所说的不一致，烧掉这些书只是消除了谬误；如果这些被烧的图书与经书一致，那么有了《古兰经》，于真理也没什么损失。哈里发的错误在于，他认为真理已经存在于唯一的书中，即《古兰经》。

任何只崇拜一本书的群体性行为都将导致蒙昧，导致自由思想的反面。如果没有书籍的多样丰富，自由地思考就只是一种不真诚的愿望。捷克作家克里玛说，在布拉格，你很难发现哪一家人没有一间图书馆。也许正是这些私人居室中的图书馆，才是捷克人光荣的“天鹅绒革命”的策源地。

我们所在的国度也曾经迷信唯一的真理在唯一的经典之书中，先前此后的书籍都是谬误。而现在，我们似乎倾向于感受着没有一本书拥有可以信赖的最终的真理。

没有唯一的真理之书，没有唯一的一首诗，然而所有的书都说了一点真理。

二、阅读的挽歌

人的一生有许多美好的回忆，阅读肯定是其中之一。有人将阅读当作“划分文明人与野蛮人的界限”（贺麟），也有人将阅读视为“最简便的休养方法”（梁实秋），这些都非夸张之词。书里乾坤，纸上心迹，记载的都是前人的智慧和学识，后来者借着读其书，便能与其心灵相通，受其教益，为之熏陶，甚至远避世俗的侵蚀，渐达高远的境界，不亦快哉？

置身人类文明的结晶形式即书籍的环绕之中，会使我们产生某种安详的不朽感。如果不是某些刺激美和善的事态，我从未感到有什么比退居一间书房（或图书馆）更惬意。身居书房（或图书馆）是从社会退回四壁重围的私人居室——用人类文明的公共遗产装饰了的私人空间。退居书房，一个人就可以从“这里”“当下”这一位置，呼吸到异域他邦、洪荒远古的空气。读书的生活犹如一种隐居，一种归隐于最安静之地的生活。

宋人黄庭坚有言：“人不读书，则尘俗生其间，照镜则面目可憎，对人则语言无味。”

按照黄庭坚的标准，现代人的面目或许已经相当可疑了——在极度发达的信息化时代，人们获取知识、了解世界的方式越来越多，读书早已不再是现代人的主要选择（有时甚至根本不是选择）。随着网络文化的兴盛，影视霸权的确立，微博、微信的风靡，人与书的亲密关系正在面临严峻考验。尤其是在年青一代中，阅读已被边缘化，文学经典也备受嘲讽，此风渐长之后，现代人离“面目可憎”“语言无味”的境界实不远矣。

作为尖厉呼啸的教育怪圈中的一员，今天的中学生无疑是阅读的“缺席者”。早在高一之际，高考就像一把达摩克利斯之剑悬挂在他们的头顶上方。于是，汪洋无边的数理化题海、数不胜数的英语试卷占据了他们的生活，语文学习只是完成数理化和英语之后的一点可怜的“时间施与”。而在极有限的语文学习时间中，又需要花极大精力去完成教师所留的作业，于是，阅读——沉下心来的安静的阅读，成为奢侈品。而长久不阅读的直接后果就是，脑中空洞无物，笔下虚浮矫情，缺乏对生活（或人生）的有价值的思考，缺乏基本的人文素养。

三、文学的意义

一个语言无味的世界，必定是一个坚硬、僵死的世界。这样的世界，显然不适合于人类居住，因为人心所需要的温暖、柔软和美好，并不会从这个世界里诞生出来。这个时候，就不由得让人想念起文学来了——文学的重要功能之一正是软化人心、创造梦想。诚如作家张大春所说，文学带给人的往往是“一片非常轻盈的迷惑”，它不能帮助人解决人生问题，它的存在，只是“一个梦、一则幻想”而已。

然而，谁又能否认：那种拥有梦想的人生也许才是真的人生吧。

文学就是做梦。因为有了这个梦，单调的生活将变得复杂，窄小的心灵将变得广阔。文学鼓励我们用别人的故事来补充自己的生活经历，也鼓励我们用别人的体验来扩展自己的精神边界——每一次阅读，我们仿佛都是在造访自己的另一种人生，甚至，阅读还可以使我们经历别人的人生，分享别人的愉悦或伤感。比如，公元 742 年，诗人李白游历东晋名士谢安旧居后，写下了著名的《东山吟》：“携妓东土山，怅然悲谢安。我妓今朝如花月，他妓古坟荒草寒。”这本是李白的个人感叹，但自从这首诗流传以来，李白的慨叹就一直被无数的人所分享。是啊，当年那如花似玉的“他妓”已化作“古坟荒草”，但“今朝如花月”的“我妓”呢，百年之后，还不照样成为一堆“古坟荒草”供后人缅怀？无论你是帝王将相、才子佳人，还是贩夫走卒、乞丐傻瓜，结局并无二致。由此想来，一种旷世的悲凉就会油然而生——于是，大诗人李白那惊天动地的“怅然”，我们这些小人物也在阅读中实实在在地体会了一回。

这就是文学所创造的奇迹。能被这样的奇迹所照亮的人生，一定会特别绚丽和灿烂。

四、找寻“诗性之灯”

我一直认为文学是有一盏灯的——一盏诗性之灯，从内部点亮文字的灯。

然而在如今的文学阅读之中，这盏灯正慢慢地暗淡下去了，似要熄灭……

多年前读海子的诗歌，惊奇地发现这位早逝的诗歌天才（海子自诩为诗歌的“王”）凭着他惊世骇俗的想象力一下子就抵达了这盏灯的深处：

我们坐在灯上
我们火光通明
我们做梦的胳膊搂在一起
我们栖息的桌子飘向麦地
我们安坐的灯火涌向星辰

——《灯》

灯，从门窗向外生活
灯啊是我内心的春天向外生活

你是灯
是我胸脯上的黑夜之蜜
灯，怀抱着黑夜之心
烧坏我从前的生活的诗歌

——《灯诗》

仅从比喻或是象征的意义上理解海子诗歌中的“灯”是远远不够的，正像他为当代诗坛贡献的“麦子”和“麦地”意象一样，他的“灯”早已上升到形而上的层级，不再是日常生活中的“灯”，而是文学的“诗性之灯”。正是这诗性的灯盏，照亮了海子的诗作，也照我在执着的“文学性”阅读中前行。

当初曾天真地认为一旦以毫不功利的“文学性”态度去阅读作品，以纯粹的“文学性”立场去观照纷纭复杂的文学史现象，就会不受前人研究成果中或速朽或不朽的思想见解的影响，进而使文学回归到它本来的初始化的原生景观。而如今我终于认识到，或许并不存在这种原生性景观，进入我们的阅读视野之中的，永远是无法纯粹的文学视界。

这种体认多少使我感到有些悲哀。随着自己的阅读越来越趋于“学术化”，生命也离当初那个“理想的读者”越来越远。如今经常会怀念自己作为一个“完美的读者”的那些早已逝去的青涩年华，似乎那时的我所直面的才是真正的文学性。在漫无边际的非功利阅读中，心灵始终保持着柔软的敏感。因为这种柔软，在阅读中也就常常遭遇尖锐的针刺所带来的痛楚。而如今剩下的大概只有对这种柔软感和痛楚感的怀想。

数年的中文系学习生涯和在实验中学的教书生活似乎已经磨钝了我对文学性的想象力，也使心灵难以再有痛楚之感。

幸而身处校园，总还能接触到那些具有敏锐的文学感性的人。其中不乏教师同人（譬如我深深尊敬的张大伟老师、王遐之先生），当然更多的则是那些热爱文学的学生（譬如我“亦生亦友”的学生杨思汀、白申昊和爱徒彭千郡）。他们在平庸化的世俗年代依旧保有对文学的纯洁的爱恋，保有一份古典的抑或浪漫的情怀，并且以他们对文学的热情支撑着我自己的所谓“传道授业解惑”的教书生活。

五、卑微的希冀

加西亚·马尔克斯曾说，“我全部的人生都被概括进了我的小说”，这话是可信的。对于一个严肃的作家而言，他们的每一篇作品，都是其人生的点滴记录（或思考，或感悟）。我不敢大言不惭地说，我所选编的这本阅读文本，能让你认识数十种人生，能让你靠近数十颗伟大的心灵。因为，由于选编目的——为高考写作服务——的狭隘性和功利性，我所选编的这些作品难免也是狭隘和功利的，尽管我最大限度地选择了文学性较好和思想性较高的作品。

这些篇章既是选编者个人的阅读“影响”史（当然只是极其可怜的一部分，且由于高考的指向性，它无疑是极端功利的），也希望能成为读者的思考入门读物——如果你想了解文学的秘密，又想借之提升作文的思维品质，那么，这本文选里的作品，实在是最低限度的阅读篇目了。

我希望这些“影响”过我的作品（或长久或短暂），也能够“影响”你，并唤醒你内心深处的记忆和想象。法国作家安德烈·纪德说得好：“影响不创造任何东西，它只是唤醒。”确实，一个被唤醒的人，他和文学的距离是最近的。

六、真诚的感谢

这本书的选编首先得感谢我的女友，每当我选定篇目之后，总是她辛苦地帮我从网上寻觅电子文本，并不厌其烦地校对、编缀。谢谢她的辛苦付出，让我的琐碎无聊的工作影响她的生活，实非本人所愿。

其次得感谢已经毕业的杨思汀同学，这本书中有 5 篇是她所推荐（巧合的是，这 5 篇中有 3 篇与我所选不谋而合，它们分别是索尔仁尼琴的《为人类而艺术》、乔治·奥威尔的《如此欢乐童年》、托马斯·曼的《我的人生信念》）。作为一名优秀的阅读者和写作者，她的推荐是值得信任的。

最后得感谢高三 12 班的学生们，他们中的许多人都帮我细致地校对过文稿。在高三的忙碌岁月里，他们仍能抽出时间为我校对文稿，这令我感动。

然而，电子文稿的谬误总是层出不穷，虽然我们已经竭力校对过，难免有不少纰缪仍“逃之夭夭”了。如果这些文字上的错误给同学们带来阅读的不便，那就只能在此先表歉意了。

樊后君

2014 年 10 月 28 日午夜

清秋佳日笙歌起

——2017级人文实验班开学讲话

各位同学：

大家好！

欢迎来到实验中学，欢迎加入人文实验班这个大家庭。

我是你们的班主任樊后君，未来三年，我将与大家携手前行。

一、最亲切的慰问

首先我要向各位致以最亲切的慰问，因为我相信在你们填好“人文实验班”的志愿后，一定遭遇过不少尴尬的时刻，比如在初中同学聚会上，那些理科大神们听说你选择了“人文实验班”后，原本热闹的场景瞬间变得冷清，空气开始凝滞：“哦，读文科啊。”识趣的同学会说：“你真有情怀。”不识趣的同学会说：

“学这个有什么用呢？”

这样的时刻会让你感到些许的尴尬。我想要宽慰你们的是，类似的场景，我已经经历过无数次了，久经沙场，见怪不怪了。就我个人的经历而言，在类似的场景中，有两个学生给我留下了至为深刻的印象。

2010年我去清华大学中文系面试，清华校园“浩瀚无垠”，我找不到“新斋”（清华大学中文系所在地），就在路边问一位清华的学生，谁知那位学生看了我一眼，睥睨地说：“我们清华有中文系吗？中文系在我们清华有什么用？”这位清华的高才生公然藐视“中文系”，看着他不可一世的表情，我当场有想揍他的冲动。

第二个男生是你们的一位学长，上一届高三某理科班的。该男生搞数学竞赛，认为数学学科至高无上，语文是低智商的学科。有一天他在语文办公室跟他们班的老师发生争执，大声地宣扬他的“语文无用论”“语文低智论”。我把这位学生叫过来，用了一个小时的时间跟他讲“语文是‘无用’的有用”“学好语文同样需要高智商”。后来这位同学在校园里见到我，都会恭恭敬敬地问好。

这两个事例告诉我们：第一，我们文科遭受着普遍的误解乃至轻视；第二，当我们遭到误解或轻视时，要用自身的人文素养去令对方折服。

当然，生活中有些人就是狭隘，他们理解不了文科的魅力，怎么办？那我们就“悠然心会，妙处难与君说”（张孝祥《念奴娇·过洞庭》）了。

二、无用之大用

大家来读文科，想必已经遇到或将会遇到类似的问题——“学文科有什么用？”在我们实验中学这所严重重理轻文的学校，你们还会遭遇许多或不解或轻视的目光。

我从来都不否认，在一个实用主义和功利主义甚嚣尘上的时代，每一门传统的学科和古老的技艺都免不了受到这样的质疑：“学这个有什么用？”对此，庄子有过精彩的回答——“无用之用，乃为大用。”

何谓无用之大用?

先给大家讲一个故事。法国大革命的时候，法国国王路易十六在巴士底狱中曾经感慨地说：是这两个人消灭了法国！这两个人一个叫伏尔泰，一个叫卢梭，都是哲学家。路易十六这句话的隐含之义是：哲学家改变了人民的观念，于是改变了世界！

改变人们的观念，推翻腐朽的王朝，这的确是“大用”！

莎士比亚的戏剧中有一个这样的故事：一位将军在指挥打仗，突然前方传来消息说他的儿子已经战死，结果那个将军若无其事，仿佛死掉的那个士兵和他没有关系，战争继续。后来他身边的仆人也战死，他一下就崩溃了，倒地死亡。

这样的描写非常了不起，与儿子和仆人的关系肯定是不一样的，可是为什么他的儿子死时，他若无其事，当他的仆人死时，他却崩溃了？这就写到了对痛苦的承受力。当他的儿子死时，他表面上若无其事，实际上接近崩溃的边缘；当他的仆人死时，只是轻轻的一点就够了。

在生活中，一些朋友有时因为一些小事而发火，我会不理解。但是我看到这个故事后就明白了。文学能够让你理解很多事情的发生，让你明白它为什么会发生。

这是我理解的“无用之大用”，人文学科让我们更好地理解世界和人，更好地理解生活。

试想，如果我们的心灵中诗意蒙尘，我们的记忆中历史缺席，我们的思考中哲理全无；我们的生命中没有爱，我们的生活里缺乏美，我们的身心没有自由……我们的人生将成为什么样子?

三、人文精神的核心是“人”

大约一百年前，英国的大教育家纽曼说：“大学不培养政治家，不培养作家，也不培养工程师，大学首先培养的是灵魂健全的、到达博雅高度的，即具有完整人格的人。”

其实，每一个阶段的教育都是要培养人格完整的人。

在高中的文科教育中，除了要培养你们成为灵魂健全的人，更要培养你们成为具备人文精神的人。

未来三年里，你们要读很多书，上很多课，做很多作业。你会拥有日渐丰富的知识，你的知识总量甚至会超过孔子。你会说流利的英语，孔子不会；你会拍微电影，孔子甚至没见过电……但是，你所拥有的只是人文知识，而不是人文素养，你也未必具备了人文精神。

知识是外在于你的东西，是材料、工具、阶梯，是可以量化的。

素养是让知识深入你的灵魂，渗透你的生活，显现于你的举止。

人文精神是在你涉猎了文史哲的知识之后，进一步认识到了，所有人文学科背后都有一个终极关怀——对“人”的关怀。

我想让你们成为有人文知识的学生，但更要你们成为具备人文素养、人文精神的学生。

一个真正有人文素养的人，他不会违背以人为本的终极关怀。

试想，如果我们的老师心中只有工资和职称，而没有学生；如果我们的医生心中只有病毒和药物，而没有病人；如果我们的公务员心中只有权力和金钱，而没有百姓；如果我们的经济学家心目中只有 GDP，而忽略了民生……

只有在高中阶段的教育中成为一个具备人文素养的人，我才会相信，你们将来在社会的每一个领域才会是真正的英才——尊重他人，关怀他人，爱他人，悲悯他人。

四、人文实验班的标签是“爱”和“自由”

（一）爱

几年前有一本书非常流行，上自高官权要，下至贩夫走卒，都在捧读，那就是托克维尔的《旧制度与大革命》。这本书中所描写的18世纪下半叶的法国人，跟今天21世纪的中国人处境相同：腐化堕落同时又不负责任的特权阶层，满腹怨气同时又精神萎靡的普通民众，每个人都焦虑不安但不知该何去何从。

我对其中的一句话印象特别深刻："人们原先就倾向于自顾自：专制制度现在使他们彼此孤立；人们原先就彼此凛若冰霜：专制制度现在将他们冻结成冰。"

在"各人自扫门前雪"的时代，在人与人之间"凛若冰霜"的时代，我们需要人文精神，我们需要爱，只有人文精神之光，方能融化时代之冰；只有和煦的爱，方能温暖每个人的内心。

一切宗教都倡导爱，其实爱才是最高的宗教。因为爱是一切生命存续的保障，是内心的柔软，是情怀的温度，是日常的情趣，是相处的善意。而以诗为爱，是最优雅的爱；以史为爱，是最绵长的爱；以哲为爱，是最智慧的爱。

一群爱人文的学子在实验中学会盟，开启的将是一番爱的征途，一番宗教般的洗礼，是你们栖居境界的诗意提升。

（二）自由

1929年，陈寅恪先生在给王国维先生所撰的《海宁王先生之碑铭》中写道："士之读书治学，盖将以脱心志于俗谛之桎梏，真理因得以发扬。思想而不自由，毋宁死耳。"

思想自由，应该是我们文科班所有学子的追求。我希望你们可以"读破万卷，神交古人"，在文史的浩瀚海洋中与古人神交；我希望你们可以"寂然凝虑，思接千载"，在哲学的灿烂星空里与智者对话。你们的思想应该如行云流水，脱缰野马一般，而不是成为"一沟绝望的死水"。

近些年社会上经常说的"独立之精神，自由之思想"也出自陈寅恪先生的这篇文章：

"先生之著述，或有时而不章（彰）；先生之学说，或有时而可商。惟此独立之精神，自由之思想，历千万祀与天壤而同久，共三光而永光。”

陈寅恪先生认为“独立之精神，自由之思想”是王国维先生最可贵的品质。这十个字应该成为所有读书人的追求，更应该是我们文科学子终生不渝的信念。

我会尽我可能给你们自由的空间，我想让你们天马行空地去胡想，去超越极限，去拓展新的领域。

自由意味着你们都可以往最好的方向去塑造自己，不是像蜜蜂、像蚂蚁、像螺丝钉一样地学习，而是像艺术家或诗人一样去燃烧。让有创造欲望的人去创造，让疯子们去发疯，让爱诗歌的人去写诗，让爱音乐的人去小花园弹吉他，让爱京剧的人去澄观堂唱戏，让爱历史的人去安阳考古……不是每个人都有这样的天赋，但至少每个人都应该有这样的机会。

我相信，你们只有在自由的状态下才可能爆发出惊人的创造力，才能把一件事情做到极致。

亲爱的同学们，又是一个金风摇曳的新秋，记得北大已故教授（同时是一位杰出的现代诗人）林庚先生有一句诗：“年青的一代需要飞翔，把一切时光变成现在。”是的，一万年太久，只争朝夕。我们在实验中学的家——人文实验班——已装点一新，正等待着朝气蓬勃的你们吹起最美妙的乐章。

清秋佳日笙歌起，我衷心期待着，青春洋溢的你们在实验中学这片已积淀了百年的沃野上绽放最沁人的芬芳、留下最动人的诗行！

谢谢大家！

为什么要办一个校园诗歌节

——“我的孤独是一座花园”冬至诗歌节感想

我问自己，为什么要办这样一个诗歌节呢？

因为诗歌与青春有关，与叛逆有关，每一个少年都是一个潜在的诗人。就像所有的植物在春天都要开花，每个人的青春中都会产生诗情，或者说，健康的生命中自然就包含着诗。

在最初，在青春时期，诗歌的可能性是最大的，美好的句子，漂亮的修辞都是诗。瓦雷里说：“诗歌好比是跳舞，散文则是走路。”学会了说话就想把话说得漂亮，写出漂亮的句子。海德格尔说过：“词语如花。”很多人理解为，诗歌是语言的花朵，这诚然是对的，但还不全面，更准确的解释应该是：“诗歌是生命中开出的语言之花。”

为什么会是生命中开出的花朵呢？因为诗歌必须伴随着生命的成长而成长，生命的成色便是诗歌的成色。一切平常的诗人，都只是用手、纸和笔来完成他们的作品，而伟大和重要的诗人则是用他的生命和人格实践来完成写作的。这样的诗人，其人生和写作永远是一体和互为“印证”的。比如，写下了《我的孤独是一座花园》的阿多尼斯，这位当今世界最优秀的阿拉伯诗人。

茨维塔耶娃曾经说过：“诗人与时代的婚姻是强制性的，最好的情况是强颜欢笑，最坏的则是一再地背叛。”我们今天致敬的这位诗人，他的情况则更加极端：面对时代、面对传统、面对宗教、面对政府、面对反政府……他都是多重的背叛，或者说是多重的批判。他说最能够代表他的是愤怒，一个真正的诗人别无选择，只有走上撄犯之路；他一出生就面临了双重的流亡：传统的流亡和社会身份的流亡。

我希望每一个写诗的少年都坚持下去，坚持写下去，坚持把自己放逐在词语的天空。即使诗歌的孤独花园里只有一棵树，只有无尽的风。

“古来圣贤皆寂寞，惟有饮者留其名。”真正的诗人，都是孤独的。因为他们大多有着格外纯粹的灵魂，他们与世俗力量之间常常保持着不可调和的冲突，而这冲突的结果必然是以他们的失败而告终。但诗歌，终将安顿我们，尽管历尽劫难，饱尝孤独。

“我必将失败，但诗歌本身以太阳必将胜利！”（海子《祖国（或以梦为马）》）

黑马在你们中间寻找骑手

——在“它在我们中间寻找骑手”高一诗歌朗诵会上的讲话

各位老师、同学们：

大家好！

首先向大家道一声“辛苦了”，没想到今天的诗歌朗诵会弄到这么晚，而大家还坚持在这里。

我刚刚坐在台下一直很担心，担心台上的朗诵者面对荒凉的看台，内心会难过。事实证明，我的担心是多余的，今天舞台上的每一位同学都很笃定，饱满，风度翩翩。面对最后时刻近乎荒凉的看台，他们把头望向了星空！

在今天这个全面世俗化的世界里，对诗歌、对纯粹精神世界、对想象力的追求，还可以成为一个人的“使命”吗？

所以，请允许我代表语文备课组向大家表示感谢：

感谢每一位朗诵者，谢谢你们深入灵魂的朗诵，愿你们天天面对一些永恒的东西！

感谢坚守到最后的每一位听众，愿诗歌拥抱你们、温暖你们！

感谢聚光灯下的两位主持人——雪莹、皓元，你们让这场诗歌朗诵会光彩熠熠！

感谢所有灯光之外的服务者——泽源、雨修、艾靖、懿之、魏莱、怡嘉、璐宽、潇怡……没有你们的热忱和辛劳，就没有这一场动人的诗歌会！

……

一、黑马在你们中间寻找骑手

今天诗歌朗诵会的主题“它在我们中间寻找骑手”，出自一首名诗——《黑马》，作者是布罗茨基——20 世纪最优秀的俄语诗人之一。

这真是一句好诗，因为它扭转了寻常的逻辑思路——比如“骑手在找马”，而显示了一种奇异的诗的想象力。不是骑手在寻找马，而是马来到我们中间寻找骑手！在今天的语境之中，这匹神秘的黑马不是通常所谓的命运的象征，而是诗歌本身。因此，也可以说，不是我们在读诗、写诗，而是诗在读我们、在写我们。海德格尔曾有过一句非常有名的话——“我们从未走向思，思走向我们。”

布罗茨基给我们的启示就是：马与骑手、诗与诗人的相互寻找，构成的正是一种诗歌的命运。当然，在最初，这种寻找往往是一个人对诗的寻找。但是，如果他在这条道路上更深入执着地走下去，他就会渐渐地感到诗歌对他的期待。当他试图回应这种来自诗的期望时，一种更深刻的相互寻找就开始了。

大家都非常熟悉海子的诗，他的诗歌中有一个非常突出的意象——麦子（据说海子之后，中国诗坛麦子大丰收了）。海子为什么能把他的“麦子”变成中国的“向日葵”？正因为他从生命的内部承担了这一切。“丰收后荒凉的大地，黑夜从你内部升起”（《黑夜的献诗——献给黑夜的女儿》），如果把这句诗中的“你”换成“它”，这句诗就全完了。

衷心地祝愿诗歌这匹神秘的黑马，能够来到你们中间寻找骑手！

二、天天面对一些永恒的东西

今天11班同学朗诵了我非常喜欢的一首诗——海子的《祖国（或以梦为马）》：

我要做远方的忠诚的儿子
和物质的短暂情人
和所有以梦为马的诗人一样
我不得不和烈士和小丑走在同一道路上

万人都要将火熄灭　我一人独将此火高高举起
此火为大　开花落英于神圣的祖国
和所有以梦为马的诗人一样
我借此火得度一生的茫茫黑夜

……
和所有以梦为马的诗人一样
我选择永恒的事业

我的事业　就是要成为太阳的一生
他从古至今——“日”——他无比辉煌无比光明
和所有以梦为马的诗人一样

最后我被黄昏的众神抬入不朽的太阳

太阳是我的名字
太阳是我的一生
太阳的山顶埋葬　诗歌的尸体——千年王国和我
骑着五千年凤凰和名字叫“马”的龙
——我必将失败
但诗歌本身以太阳必将胜利

在这首诗中，海子表达了与世俗的决绝态度，他要做“远方的忠诚的儿子”“物质的短暂情人”，他选择诗歌，选择永恒的事业，他抗议着世俗化、物化的世界。那是20世纪80年代，是一个白衣飘飘的年代，是一个“并不完美，但相对于今天，却无异于神话”的时代。那么，今天呢？我们今天是一个全面世俗化的时代——它极端崇拜金钱，摈弃人文价值，接纳平庸媚俗，拒绝精神深度。在这样的时代，对诗歌、对纯粹精神世界、对想象力的追求，还可以成为一个人的“使命”吗？

今天舞台上的每一位同学都给了我肯定的回答。

里尔克曾说：“生活与伟大作品之间 / 总存在着某种古老的敌意。”这种古老的敌意，并不是说诗歌和现实生活相排斥，诗歌只是和世俗相排斥，因为诗人不能淹没于世俗，迷失于物化世界。诗人，应当面对永恒的东西，正如海明威在诺贝尔文学奖获奖演说中所表达的：“一个作家，如果他真的不同凡响，那他就该天天面对一些永恒的东西。”

在我的理解中，做一个诗人，你必须热爱人类的秘密，在神圣的黑夜中走遍大地，热爱人类的痛苦和幸福，忍受那些必须忍受的，歌唱那些应该歌唱的。不计世俗的功利得失而把思考的意向超越现象界的纷纭表象而去思考精神，思考语言，思考死亡，思考人类的出路。

三、在缺乏诗意中寻找诗意

不知从何时起，有一种说法很流行，用来说明 20 世纪 90 年代以后诗歌的“没落”，叫作“写诗的人比读诗的人还多”。要是追根溯源的话，类似的说法早在诗歌的“黄金年代”——20 世纪 80 年代就已出现。诗人公刘早在 1988 年就说，写诗的人比公园里排队上厕所的人还多。一种更为激烈的判断是，诗歌已经“衰败”，已经“全军覆没”。

在这种情况下，不少诗歌的写作者长期坚守于这孤寂的领地而不退缩。他们以对词语和技艺的不知疲倦的锤炼，表达对这个纷乱、矛盾、混杂不明的世界的经验，以他们对人类精神性生活的坚持，在不可能中寻找可能，在无意义中寻找意义，在混杂无序中寻找秩序，在失望中寻找得救，在缺乏诗意中寻找诗意。

这是让人感动的精神和态度！

在我们学校，就有许多这样的学子。我入职六年以来，所接触过的校园诗者就有杨思汀、白申昊、彭千郡、胡雅芸等你们的学姐。但我更开心的是，咱们这一届有更多的校园诗者涌现，他们是非克（曹中畅）、赵若凡、别必权、王实、韦纪霆、暗青（薛俊奇）……在他们身上，我看到了接续的文脉、汩汩的诗意。

诗人是世界之光，我们的校园里需要诗人，需要诗歌的声音，需要永远向上凝眸的人！

谢谢大家！

诗意青春

——2017 届高三成人礼献诗

一、青春·篝火

1. 追怀一二·九

1935 年的 12 月 9 日，81 年前的今天
从清华园到西直门，从新华门到西单
整个华北平原安放不下一张平静的书桌
中华大地，山河弥漫的是抗敌的烽烟

一二·九，那是用青春点燃的熊熊火炬
一个时代的青年，发出愤怒屈辱的呐喊
当危亡的挣扎随着时间长河销声匿迹

你可还记得，那往昔刻骨铭心的血泪斑斑？

一二·九，那是一段血与火的历史
新世纪的步履再匆匆，又岂能将耻辱驱散？
当历史的车辙负载着百年耻辱辘辘远去
你可还听见，那曾经气吞山河的咆哮悲叹？

寒风中你们年轻的手臂挽在一起
要去肩负起那份责任的沉甸甸
铸造“长城”的光荣使命传给了你们
年轻的肩膀要撑起祖国的一片蓝天

2. 青春之夜

在古老的严冬的夜晚
黄叶凋零了北方的平原
在辟才胡同的纵横处
我们将青春的篝火点燃

青春的少年　必然昂扬
引起多少英雄由衷的赞叹
青春的少女　必然芬芳
招惹多少诗人温柔的眷念

等候校长庄严的检阅
青春的你们　自强刚健
企盼父母柔情的抚摩

青春的你们　明媚鲜妍

十八岁的你们，追忆灿烂金黄的童年
青春的夜晚　沐浴无忧的四月天
十八岁的你们，依然如白纸身在校园
青春的夜晚　头戴那百花的冠冕

3. 青春之诗

青春似水，一切都从水里产生
如果青春的水流不遣送霓岚
不施舍清溪，不完成滔滔的江水
哪里会有山岳、湖泊和平原？

青春是生命幻想的杰作
你们悄然站在十八岁的岸边
看水面映照出尚显稚气的笑脸
险些要成了纳蕤思少年

青春最是多梦如云的季节
彼岸铺展开神秘绚丽的画面
一支若隐若现的画笔
等待你们去勾勒自己的明天

战战兢兢走向成年，以为是海市蜃楼的梦幻
——今天，你们就站在这里，又一个起点
勇敢地，举起手，叩响独立的门扉

——跨越神圣的边界，迈入成熟的另一边

二、青春·追忆

4. 十六岁，高一

青春壮怀，你自比于恺撒
想用金字塔的影子测试自己的威严
青春傲骨，你自喻为李白
想象大鹏展翅九天揽月醉眼看人寰

像聪颖的亚里士多德，青春的你
琢磨上帝的几何学，漫步柏拉图庄园
拜访先秦所有的学派，青春的你
用流泪的竹简，铭刻诸子的智慧预言

为了领略知识神奇之光
你站立在白象似的八零梦前
就像哈利·波特来到了霍格沃茨，——
青春的你叩开了真理的伊甸园

既然走进了思索天地
站在高峰你把目光放得长远
怀疑和胆怯跟你格格不入，——
青春的你挺立在千山之峰巅

5. 十七岁，高二

在矛盾的阴霾中你尚未疲倦
受厄运纠缠你的热情亦未衰减
青春的你驰骋在空旷的视野
像自由的羚羊游荡无尽的草原

把狂涛的抱怨留给别人
还有那愤怒呼啸的未知的苦难
陪伴你的是清风的呢喃
以及一脉辽阔碧空如洗的水蓝

你渐渐厌恶枷锁下奴仆似的平静
前人铺就的平坦道路会使你心烦
你爱所有的幻想珍惜所有的语汇
总把心中的梦想写满朵云轩信笺

发现有圣物遗迹的山岗
你会在虔诚的惊喜中不停抖颤
你像小草一样伫立凝视
然后头颅低垂，离开那座神山

6. 十八岁，高三

恺撒的独白被尼罗河的浊浪咆哮而去
斯芬克斯依然用谜语迷惑茫茫人间
李白的长啸被江湖风波卷得声若游丝
高力士在沉香亭北露出狰狞的笑颜

“吾爱吾师，吾尤爱真理”
亚里士多德彻底离开了柏拉图庄园
“天不生仲尼，万古如长夜”
可圣人如孔夫子也累累若丧家之犬

平静的霍格沃茨也有暗流涌动
伏地魔是哈利 · 波特难以跨越的山峦
雨雪霏霏的是 SAT 可怜的分数
斯坦福似乎是你永远达不到的明天

漫长得叫人心碎的是可怕的高三
缀满你们青春睫毛的是那细雨廉纤
追问出题变态的梁凯什么时候涅槃?
相信吧，再绵延的路也不可能走不完

三、青春 · 感恩

7. 感恩父母

是谁，给你温暖的双手
抚慰你青春里懵懂的迷惘
是谁，给你结实的肩膀
支撑你青春里朦胧的忧伤

你的青春，必然有——
她美丽的脸上隐约的皱纹
你的青春，必然有——

他衰老的鬓边恍惚的白霜

无数个疲倦的母亲
为你的青春肩荷着那伟大的疲倦
无数个刚强的父亲
为你的青春负担着那永恒的刚强

她的青春停步的终点
是你的青春接力的起点
他的青春没有写完的诗行
是你的青春续写的首章

8. 感恩老师

是谁，用一只破旧的船桨
渡你航过知识的无边汪洋
是谁，用一座古老的舵盘
引你越过文化的浩瀚无疆

你的青春，必然有——
她讲台嘱咐时深沉的爱意
你的青春，必然有——
他深夜备课时孤独的叹息

青春的少女伽拉泰亚会由衷感激
为她打开象牙封锁的皮格马利翁
智慧的大学者柏拉图会终身铭记

雅典街头不停与人对话的苏格拉底

作为摆渡人，为你们的青春
举起昏黄的灯盏　指你方向
作为船长，为你们的青春
点亮漫天的星光　引你远航

9. 感恩朋友

青春做伴，正单衣试酒
嫣然一笑温暖了九月迷蒙
醉花阴，醉倒了长安古道
也定格了三年姿容

青春同行，驿外断桥边
杨柳岸寒蛩声声诉苦衷
西江月，沁凉了薄冰夜色
也呜咽了满城西风

青春同窗，杏花疏影里
彻夜长谈的是红楼一梦
风入松，鸣响了千山杜鹃
也吹醒了一树葱茏

青春同袍，吹笛到天明
绿色旋律奏响你们心中
清平乐，点燃了一襟晚照

也迷醉了半江残红

四、青春·展望

10. 长风破浪

塞壬终日在墨西拿海峡飘荡
青春的你们要做奥德修斯
用坚硬的嘴角抵抗滔天风浪
任她魅惑的歌声美妙悠扬

颤抖的心儿搏动在宽广胸膛
青春的你们要做少年杜甫
用自由的心魂畅想明日风光
登凌绝顶俯瞰大地之苍茫

往昔百般情味只能梦中品尝
青春的你们要做西西弗斯
生活的谜底全部隐藏在前方
把精神巨石源源推上高岗

用青春　踏破远方的重峦叠嶂
用青春　开拓条条平坦的大道
用青春　摧毁过去思想的牢房
用青春　谱写崭新的人生篇章

11. 羽化成蝶

篝火升起，今晚的琴声必定绕梁
虽然丰收并不遥远——
你还要独坐幽篁静候曙光
青春的你啊，不要徜徉

尘埃落定，我们期待飞传羽觞
虽然捷报并不遥远——
你还必须再经历一番晨霜
青春的你啊，不要彷徨

眺望天边流云　追寻当初的梦想
虽然春天并不遥远——
你还要继续跋涉在严冬的战场
青春的你啊，悄然绽放

踏过巍峨高山　凝眸信仰的苍穹
虽然星光并不晦暗——
你还要继续攀登忍受九曲回肠
青春的你啊，需要怒放

12. 诗意天涯

十八岁的冠礼拉开帷幕
青春的绿色波涛必将永远喧响
十八岁的青春唱响赞美诗
诗意的渔火将漂泊在茫茫江天上

十八岁的冠礼拉开帷幕
青春的白色鸥鹭继续扇动翅膀
十八岁的青春唱响赞美诗
诗意的蝴蝶在百芳丛中翩翩飞翔

十八岁的冠礼拉开帷幕
青春的丁香忧伤了李商隐的晚唐
十八岁的青春唱响赞美诗
你们一朵朵拾取要结成迷人光芒

十八岁的冠礼拉开帷幕
青春的向日葵裂放了凡·高的金黄
十八岁的青春唱响赞美诗
你们在这个世上要永远歌唱太阳

2016 年 12 月 5 日　草作

12 月 6 日上午　改订

“我们去寻找一盏灯”

——2020 届高三成人礼献诗

一

青春 · 序曲之灯

十八岁的黄昏
我们去寻找一盏灯

在白象似的八零梦前
洁白无瑕是灯的深深眷恋
在勤肃楼的澄观堂里
博雅古朴是灯的厚厚诗卷

一二·九运动过去了八十四年
我们仍然高悬历史屈辱的灯盏
今夜，在辟才胡同的纵深处
我们将熊熊的青春篝火点燃

带一卷新书，和修理好了的琴
让歌声伴随黄昏的星辰一起梦幻
携一壶浊酒，和融化殆尽的雪
看青春如何靠在月光背上开放酡颜

当历史的车轮负载着百年耻辱辘辘远去，
你可还听见，那些刻骨铭心的慷慨悲叹？
当危亡的挣扎随着时间长河销声匿迹，
你可还记得，曾经气吞山河的咆哮呐喊？

悄然间，你们已来到十八岁的堤岸
俯首看，水镜里是尚带稚气的笑脸
勇敢地，举起手，叩响独立的门扉
跨过神圣的边界，迈入成熟的另一边

二

青春·追忆之灯

——那一年，你们是天使降临人间
张开几乎透明的手，接受新奇世界的赠予
在最单纯的时光里，沐浴着无忧的四月天

——那一年，你们是白纸迈入校园
怀揣知识这把钥匙，开启知识圣殿的大门
在最浩瀚的海洋里，探索着智慧的伊甸园

——那一年，你们是顽童邂逅实验
带着好奇的眼睛，流转于母校百岁的面容
在最美好的岁月里，追寻着真理的杏坛

——这一年，你们是骑手跨上马鞍
飞扬长长的皮鞭，驰骋在枯索寒冷的草原
在最拼搏的日夜里，奔向象牙塔的顶端

——今天，夕阳在光里静坐，犹之一座山
你们是一块殖民地，所有的光只为你们照亮
月光与星光结伴出现，欲织就黎明之皇冠

三

青春·感恩之灯

河流无法寻找它原始的两岸
但总有一个可供回忆的湖畔
她姣好的面容里沉睡着太多疲倦
他健硕的身躯悄悄有了些许蜿蜒

十八年的守望是最深情的誓言
默默搭起船桨，看你们在海上破浪扬帆

目送你们的背影渐行渐远
他们转身退场，和衰老一起黯然

以知识装备你们的思维
年轻的孙老板已然发白鬓斑
以美德哺育你们的心灵
泼辣的卫红姐变得笑语煖暖

十二年的教导是最温柔的期盼
塑造丰盈灵魂，看你们飞向知识的云巅
目送亚里士多德离开漫步者庄园
柏拉图的内心也会觉得春意阑珊

她们的青春无奈搁浅的海滩
是你们的青春应当挂帆的起点
他们的青春未能完成的夙愿
是你们的青春应当续写的诗篇

四

青春·希望之灯

平静的历史河流也有暗潮涌动
梁凯的化学试卷是你难以跨越的山峦
雨雪霏霏的是数学试卷上可怜的分数
遐之先生的一类文是你抵达不了的明天

叫人心惊胆战的是政治随堂默书
恍如天书的是广智讲物理，徐锋侃自然
以爱为名，英语的答题卡你怎敢不填
生物学不好，对不住林特级的风度翩翩

缀满你们青春睫毛的是那细雨廉纤
相信吧，再漫长再艰辛的路也会走完
眺望天边流云，追寻当初梦想
你要学西西弗斯，源源地把巨石推上高山

星光并不晦暗，黎明并不遥远
相信吧，来年六月必定羽觞飞传
跋涉静穆寒山，你也不能彷徨
相信吧，在开花之前，芬芳早已蓄满了枝干

一切今日耀眼的都源于早先的黑暗
清晨是一支熠熠的歌，在雾中自燃
十八岁无情的风雪把梦想肆虐得一息奄奄
那就让风雪点缀孤芳，让青春恣肆沉酣

五

青春·嘱咐之灯

你在浪里徘徊，在浪里欢欣
在晚潮汹涌之前，你要回到岸边
你在沙里挖坑，在沙里建筑

在狂风骤起之前，你要回到港湾

你在山里奔跑，在山里追逐
在大雪封山之前，你要回到羊圈
你在光里歌唱，在光里翩跹
在黑暗来临之前，你要回到春天

青春似水，一切都从水里产生
如果青春的水流不遣送虹岚
不施舍清溪，不完成滔滔的江水
哪里会有列岫、湖泊和月映万川？

青春如火，一切都从火中诞生
如果青春的火炬不燃烧幽暗
不点亮静寂，不挥洒浩浩的夜空
哪里会有光明、生机和星光璀璨？

作为航行者，夜夜奔赴曙光的盛宴
也别忘了这一路走来的画笔柔软
作为继承者，要去肩负责任的沉甸甸
以满腔热忱为诗骚李杜薪火相传

六

青春·祝福之灯

黄昏里挂起这一盏灯

幸福就整整跟随你们一生

长沟流月　笛声清明
独坐幽篁　疏影暗香
要让内心的泉水独自芬芳
锦瑟华年，你像烛泪一样清亮

一个驿站　一朵梅花
几片新叶　几缕清霜
与山色一起生活，你醉倒
山色也会醉，当它饮尽你的目光

名词，粮食和水的象征
形容词，世上的光和酒
副词，感情总是过度
动词，这奔驰的鹿的形象
不可思议，难言的美，因它就是造化本身
你最后的栖身之处当为一间汉语的书房

悲伤那么古老，诗行却不愿绝望
我的诗歌也在酝酿
但一些诗歌已无须写下
万物都在慢慢释放内部的光

青春之轮汽笛鸣响，无论生命中有多少迷茫
船长哟，请坚定不移地驶向前方

自由是幸福的希望，诗意是未来的帆桨

舵手呵，请手手相握，面向太阳

（2019 年 12 月 8 日定稿）

风雨过后，你的孩子会真的长大

——致高三家长的一封信

尊敬的各位家长：

见字如晤！

庚子年波澜起伏，面对纷繁杂乱，我们一直默默关注着您孩子的学业成长和身心健康。一场突如其来的疫情，打破了春节应有的平静，您的孩子居家学习了整整百日。后来疫情形势好转，高三复课，“最难风雨故人来”，您的孩子回校学习了一个半月。前天，“山雨欲来风满楼”，您的孩子还没有学会告别，却只能匆匆离去，勤肃楼前瘦石无言。

时至今日，这场疫情防控阻击战的形势仍十分严峻。而高考却迫在眉睫，我们——实验中学高三的全体教师，有话对您说。

家长们，首先请替我们给您的孩子一个拥抱。

这一届高三学子，多数人出生于2002年，襁褓之中就懵懵懂懂经历了“非典”。十年寒窗苦读，即将高考的关键时刻，却又遭遇了新冠疫情，高考延期。既要应对各种政策的变化，又要在新冠的阴影下忧心忡忡地备考，实在是“太难了”！跟您一样，我们心疼孩子，想给他们一个大大的拥抱。

家长们，在拥抱过后，请告诉孩子——坚毅前行。

西南联大校歌《满江红》中有这样的句子：“多难殷忧新国运，动心忍性希前哲。”在那烽火连天、山河破碎的岁月，西南联大学子或弦歌不辍，或以身许国，用热血传递着情怀、责任与担当。今天，新冠肆虐，风雨连番袭来。希望您的孩子、我们的学生也能有联大学子的“刚毅坚卓”，在风雨中坚毅前行。

高考是一场艰苦卓绝的战役，高三一路走来，您的孩子受过苦，流过泪，但也锻造了韧性，强健了精神。“行百里者半九十”，未来十几天，您的孩子依然不能松懈。请告诉孩子：今日的汗水，是为了明天的绽放；分秒的蓄力，会迎来菡萏花开的盛夏。道阻且长，行则将至，心怀理想，庄敬日强。

家长们，请告诉孩子：居家期间，做好防护，小心但不必忧心。

疫情就是命令，防控就是责任。这是一场没有人能够置身事外的战斗，每个人都应当尽一份力量，担一份责任。于高三学子而言，“居家学习”“保持健康”就是他们的责任。在当下，您的孩子要做的就是：好好居家，认真学习，锻炼身体，保护好身边的人。

您的孩子即将迎来高考，沉静的心态至关重要。请您多和孩子沟通，疏导孩子的压力。告诉孩子，疫情之下，要小心翼翼，但不必忧心忡忡。

这场战“疫”让我们深切地体会到，每个个体的小小愿望，都与宏大的时代语境息息相关。疫情或许打乱了我们的生活节奏、学习节奏，但我们不能自乱阵脚。宋人苏轼曾说：“天下有大勇者，卒然临之而不惊，无故加之而不怒。”高三的学子，尤其需要这一份“大勇”！

家长们，请相信：风雨过后，你的孩子会真的长大。

是的，新冠疫情于您的孩子是一场巨大的考验。但我们相信，经历了这样一场战“疫”，在选择未来的方向时，在人生的未知征途中，您的孩子定会更有敢担使命、敢负重任的豪情与理想。正如鲁迅先生所言:“能做事的做事，能发声的发声，有一分热，发一分光，就令萤火一般，也可以在黑暗里发一点光。”

实验中学在意每一分光亮，鼓励每一束细小的微光永远以奋进的姿态前进，“大同爰跻，祖国以光”。

人生的河流中，高考只是短暂的一瞬，而生命的意义却需要孩子们用一生去追寻。实验中学期待您的孩子：纵有风雨模糊了世相，依然心怀敬畏与同情，永葆真诚和善良！

尊敬的家长们，三年前，清秋佳日笙歌起，您的孩子踏入实验中学。三年来，他们不懈奋斗，在这片已积淀了百年的沃野上，绽放了最沁人的芬芳，留下了最动人的诗行。实验中学为您的孩子骄傲！

衷心祝福您身体健康、合家幸福！

我们静候佳音，我们期待与您的孩子重逢！

北师大实验中学高三学部

2020 年 6 月 18 日

“年青的一代需要飞翔”

——为北师大实验中学高中录取通知书拟写欢迎词

亲爱的同学：

你好！祝贺你被我校录取，成为我校2021级的一名新生。

“槐市门庭号实验，京畿庠序此中坚。”我校隶属北师大，毗邻教育部，木铎金声百余年，芝兰芬芳薪火传。

在实验中学，你将浸润在深厚的文化积淀中，体会“诚信、严谨、求是、拓新”的校训，求真务实、守正创新的校风，勤肃、信毅的导育真言。实验中学一以贯之的育人目标是“会做人、会求知、会办事、会生活”，在这里，你将有机会聆听才子大师的教诲，有机会到世界各地交流学习，在更具柔性的培养体系中自主选择学习内容和成长路径。相信吧，你将在实验中学成长为全面发展、学有特长的英才。

诸葛亮在《诫子书》中说：“夫学须静也，才须学也，非学无以广才，非志无以成学。”希望未来三年，实验中学给你提供安静的环境，更培养你安静的心境。你能心无旁骛、潜心笃学，穿过“独上高楼，望尽天涯路”的迷茫，跨越“衣带渐宽终不悔，为伊消得人憔悴”的坎坷，实现“蓦然回首，那人却在灯火阑珊处”的欣然。

亲爱的同学，诗人林庚说：“年青的一代需要飞翔，把一切时光变成现在。”新的梦想已经启程，祝愿你在实验中学里扬起理想的风帆，挥洒绚烂的青春！

衷心期待，青春洋溢的你，在实验中学这片已积淀了百年的沃野上绽放最沁人的芬芳、留下最动人的诗行！

北京师范大学附属实验中学

（本文是作者为学校录取通知书撰写的文字）

宁静笃学　向美而行

——写在新学期开学之际

“万卷古今消永日，一窗昏晓送流年。”勤学楼楼道里陆游的诗句如是说，你们过去半年的时光也如是度过。

新学期即将开始，高二学子将在实验的园子里续写人生画卷。高中旅途过半，你们将继续在宁静幽深的图书馆里博览群书，在并不阔亮的办公室里求真论道，与同窗好友在球场上挥洒青春，与志同道合的伙伴一起砥砺前行。

学部陪你们走过了一年半，对未来的一年半，我们有几句肺腑之言：

高二的同学们，希望你们听从内心的指引。青少年应该努力充实精神而不是崇拜物质，应该坚守内心而不是随波逐流，应该独立思考而不是鹦鹉学舌。一个人如果缺乏内心的指引，就很容易在光怪陆离中迷失自我，耗尽个人的智慧和判断力，最多只能得到乏味的优秀和虚假的成功。同学们，希望你们反复追问，自己最喜欢的究竟是什么？最有意义的是什么？发自内心的热爱，才是你们前进的不竭动力。追随本心的召唤，你们定能走过无悔的高二旅程。

高二的同学们，希望你们在宁静中笃学。青少年应该在宁静中笃学而不是在喧哗中放纵，应该在静默中砥砺而不是在躁动中荒唐，应该孜孜不倦而不是一曝十寒。诸葛亮在《诫子书》中说："夫学须静也，才须学也，非学无以广才，非志无以成学。"安静的学习环境自然是重要的，但更重要的是安静的内心。同学们，希望你们在新学期心无旁骛、潜心笃学，在安静中获得真知、超越自我。在宁静中笃学，在砥砺中奋进，你们定能为高三积蓄磅礴的力量。

高二的同学们，希望你们向美而行。青少年要成为更好的自己，需要向美而行，在美中涵养性情、陶冶精神。著名国学大师王国维先生认为："美育者一面使人之感情发达，以达完美之域；一面又为德育与智育之手段，此又教育者所不可不留意也。"实验美育，非囿于课堂之教育也，乃以包容多元的文化熏陶学子之教育也。实验，在众多学长学姐心中，是一所美不胜收的学校。在西园的海棠花影下读唐诗宋词，在东小院的泡桐树下看歌德、但丁，何其美也！在勤肃楼前的竹影婆娑中跳《竹颂》，在枯山水景观处赏倪云林之山水画，何其美也！繁花落叶间先生走路去上课的身影，藤影松风下同学们琅琅的读书声，何其美也！同学们，希望你们沉浸在实验的美里，超越自身利害的局限，构筑丰盈的精神世界。

高二的同学们，希望你们培养正义感。青少年要成为更好的自己，需要积极求道，在道中承担责任、完善自我。《论语·泰伯》："曾子曰：'士不可以不弘毅，任重而道远。仁以为己任，不亦重乎？死而后已，不亦远乎？'"古人对读书人有如是期许，读书人天然地要承担引领社会进步的义务。实验中学是百年学府、京城名校，这里的学子更应当有"仁以为己任"的使命感。学好知识，用自己所学去帮助大地上的孤弱者；强大自我，尽自己所能去为被侮辱和被损害者呐喊。同学们，希望你们好好积淀知识，更希望你们培养正义感。未来的某一天，当正义遭到抑制，当邪恶大行其道，你们要做"真的猛士"！

实验中学是这样的美，入心入梦、终生难忘；实验中学更是孕育美的地方，无数实验人从这里出发，走出了美的人生风景。你们，还将在这里读书、做梦、求真，挥洒美、书写美、创造美！

高二学部何其有幸，与你们一起，宁静笃学，向美而行！

北师大实验中学高二学部

2022 年 2 月 18 日

卷三　风流远矣

“魂兮归来”

——腾冲国殇墓园祭文

维公元二〇一八年元月二十四日，我行南来，谨备清馐薄酒，恭奠于腾冲国殇墓园“英烈碑”阶下，肃拜追远，缅怀民族英雄。其辞曰：

倭夷来犯，平津沦陷；
南京见屠，黎元遭难。

桓桓将士，栏杆拍遍；
岂曰无衣，与子偕战。

羽檄北来，烽火荼滇；
血性男儿，忍弃陲边？

谁惧艰危，征骑入缅；
同仇抗日，筹笔襄赞。

十万青年，义赴国难；
十荡十决，甘死无憾。

远山之上，国殇有园；
凛凛大义，昭示无边。

北师大实验中学高一人文研学团　敬祭

2018 年 1 月 24 日

“高山仰止”

——建水文庙释奠礼祭文

维公元二〇一八年元月二十七日，我行南来，谨备清馐薄酒，恭奠于建水文庙大成殿阶下，肃拜追远，上达夫子暨诸先哲先贤。其辞曰：

巍巍陵庙，巨柏苍苍；
实验学子，缅怀钦仰。

洪荒蒙昧，长夜茫茫；
唯我夫子，华夏之光。

仁者爱人，是为其方；
礼乐唱和，祚胤万邦。

推己及人，大德是彰；
中道不倚，承继弘扬。

删述六经，文教遂昌；
志道游艺，行健自强。

吾侪南来，俎豆馨香；
奉承以进，伏惟尚飨。

北师大附属实验中学高一人文研学团　敬祭

2018 年 1 月 27 日

“碧血千秋”

——南京紫金山麓祭抗日航空烈士文

维戊戌年乙丑月壬戌日，北师大实验中学江南人文研学团百名师生，聚金陵紫金山之北麓，衔哀致诚，具时馐薄酒，奉素菊清芬，祭拜抗日航空烈士，其词曰：

紫金郁郁，松柏苍苍；玄武湖畔，殷殷夕阳。
东北三省，日寇掠抢；广袤华北，书桌安放？
卢沟事变，平津沦丧；淞沪虽战，三月乃亡。
金陵遭难，山河悲怆；狼烟遍地，国祚不昌。
热血男儿，群情激昂；持剑纵马，奔赴沙场。
日机轰炸，势不可当；桓桓将士，誓搏穹苍。
决战武汉，血染长江；再战滇西，魂兮飘荡。

殒身不恤，英气煌煌；千秋碧血，永志不忘。

鸣呼哀哉，伏惟尚飨！

北师大附属实验中学“云山几盘　江流几湾”江南研学团　敬祭

公元二〇一九年一月二十五日

“表哲人之奇节”

——清华园祭王静安先生文

己亥仲春，大地清明，樊梅庵携人文 7 班学子赴清华园，于第二教学楼旁“海宁王先生纪念碑”前举行祭奠仪式，其辞曰：

海宁王氏，号曰观堂。学贯中西，无涯可望。
精研甲骨，位列四堂。流沙坠简，开启敦煌。
评论红楼，摧损肝肠。人间小令，踵武欧阳。
清华学子，行健自强。柴扉常扣，其乐未央。
南军北伐，士林彷徨。纲纪文化，日趋衰亡。
志士仁人，憔悴忧伤。沉渊鱼藻，一死茫茫。
独立精神，自由思想。恒如天壤，灿若三光。

素菊清芬，拜谒瞻仰。先哲精神，莫敢或忘。

北师大实验中学高二人文7班学子　敬祭

己亥年四月五日清明时节

旧时月色，今番照来

——“水墨传承　师优为先”全国美术教师绘画展前言

古人常借“丹青”以言绘画，诗圣杜甫即有诗曰：“丹青不知老将至，富贵于我如浮云。”(《丹青引赠曹将军霸》) 丹青者，颜色之谓也，一者朱红，一者青蓝，丹者温煦，青者冷肃，二者相混相融，合璧生辉。“二生三,三生万物”，缤纷色彩皆由此化，卷轴生命俱借此生。

华夏丹青，绵延千载，未曾辍绝，诚为中华乃至东方艺术之典范。曹衣出水，刚劲稠叠；吴带当风，圆转飘逸。八大有亡国之痛，墨点无多泪点多；石涛悟释迦之道，潇洒隽朗清袭人。然而岁月不居，斯人已逝，俯仰间已是几度春秋。多少山水佳作，孤诣笔法，随着岁月的飘零飒然远去了，空使后人感怀寥落而为之怃然。宋微子之兴悲，良有以也；袁君山之流涕，岂徒然哉?

幸而流风遗韵，犹有存焉。大江南北，庠序之内，诸多美术教师或师法古人，或学艺先贤，虽不敢言自成一家，却也各有特色。其于校园之内，讲台之上，滋兰树蕙；万千学子欣然向学，柴门常叩，传薪接火。世界遗产青少年教育中心、月坛雅集非物质文化遗产传艺荟主办“水墨传承，师优为先”绘画展，正是立足于此，为全国美术教师做宣传，为丹青艺术尽绵力。使丹青艺术走出高墙深院、步入中学校园，使莘莘学子感其魅力、受其熏化，使前辈风流不致湮没于时代之风烟而消逝殆尽。

得此因缘，观者如你我，从氤氲着烟黄的旧页中，追怀往昔，终不致使湘灵佩杳，而心绪阑珊。

风流远逝，梅魂不语；旧时月色，今番照来。是为序！

如诗如梦故家山

——《2017 届高二文科班台湾研学文集》序

民国展痕

从北京起飞时，阳光像足透了的金子；降落台北桃园机场，寒风中暮雨飘潇。

就这样，背着周梦蝶和郑愁予的诗集，我像穿越时空隧道一样，耳机里循环播放着罗大佑的《亚细亚的孤儿》——

亚细亚的孤儿在风中哭泣
黄色的脸孔有红色的污泥
黑色的眼珠有白色的恐惧
西风在东方唱着悲伤的歌曲
……

“亚细亚的孤儿”早已过了在风中哭泣的时代，而今的台湾省，是想象中的华夏该有的样子——山川净美，人情温厚。

从桃园机场到台北市区，就像从虹桥机场到上海市区，从今天回到20世纪80年代，从现实走进侯孝贤的电影。

佛光大学接待的师生，热情而不失尊重，一如三年前。他们问好、带路，一切张罗，让人在台北的冷雨夜感受到难得的温馨。

晚饭后，大巴车开往佛光大学的“百万人兴学纪念馆”，名为纪念馆，却是食宿之所。纪念馆位于台北郊县宜兰的林美村山腰，远离尘嚣，在雨夜尤显幽静。

在房间安顿好后，记起楼顶有苏州寒山寺的古钟一座，便登楼。古钟在黑暗中愈加朴拙，只是相伴的，不再是姑苏城外的渔火，而是霖霖夜雨，还有山麓宜兰县的满城灯火。

回房与吴荻兄闲谈，1949年天地玄黄，两百万人渡海而来，饱经了乱离的忧伤，从此，“乡愁是一湾浅浅的海峡”……二人皆唏嘘不已。

感冒的吴荻兄入梦后。我凭窗远眺，山下灯火恍惚，空山听雨，声声有情。《七千里流亡》里记录的民族劫数,《巨流河》中的万千心灵弹痕，纷然涌上心头。

台北印象

佛光大学两天的讲座结束后，我们动身前往台北。在酒店安顿好，学生们便三三两两地拥入了宁夏夜市。

在夜市，许多食物让人有一种醍醐灌顶感——“原来是这样！”“这样才对嘛！”“原来这才是火焰牛肉！”“原来这才是章鱼小丸子！”原来，在大陆吃过的同名食物，只是长得很逼真而已。在夜市吃了一路，时常会遇到手拿食物、口中大嚼不已的学生，一个铜锣烧直接递至嘴边，张口一咬，露出电视上美食外景主持人那样的、一口咬下去仿佛撞鬼的惊讶夸张的表情，师生皆大笑。

夜市是热闹的地方，吃货盈街，每个人手上都拿着食物，但是路上非常干净，连丢弃的竹签都很少。要扔垃圾的话，得到捷运站，或者到 7-11 便利店，拜托店员扔。为了避免麻烦，只好尽量不“制造”垃圾。

翌日逛台北故宫博物院、素书楼、林语堂故居，大巴车行驶在台北街头，才发现，不只是夜市，整个台北市都很少见到垃圾桶，可是街道上却很干净，除了偶尔几片落叶，没什么垃圾。想到内地许多城市，垃圾桶随处可见，可街道仍然很脏，尤其是垃圾桶附近，常是一片狼藉。

台北是一座很容易让人喜欢上的城市，它不似上海的繁华张扬，也不像北京新旧交接的杂乱。尽管它也有耸入云天的 101 大楼（很长时间是世界第一高楼），但那毕竟是极少数的。更多时候，它显得十分古旧。街道密集，一抬头就是“温州路”“南京路”“武昌路”。巷陌纷纭，不似沪上弄堂的逼仄，却也幽深。几乎没看见交警，人车却能井然有序地遵守红绿灯。楼房普遍不高，感觉有点像 20 世纪 90 年代的广州，或是如今内地一个被遗忘的二三线城市。其他建筑也是灰灰矮矮的，然而满城古树，绿意可人。

台北这种古旧，让人想起在香港买过的一本书的书名——《最后的贵族》。不必豪宅别墅，无须宝马香车，低调而有教养地严守着规矩。即便是一袭青衫，穿出去也熨烫着折痕。

“冬季到台北来看雨”，孟庭苇的歌名真是不假。台北的冬夜，经常是下着冷雨的。夜幕初降，一阵乍寒，雨，又淅淅沥沥开始落下来了。带学生们“扫荡”了诚品书店后，我和吴荻兄打车前往紫藤庐——一间借由白先勇、陈文茜等人的文字闻名遐迩的茶座。车窗外的台北，霓虹繁体字悬满街头，依稀有置身老上海滩的幻觉。雨点洒在路边那些矮屋的瓦檐上，发出一阵沙沙的微响。我们聊着紫藤庐的沧桑历史，望着窗外小雨纤纤的“民国”，感受到书卷中曾经熟悉的那份娴静。雨夜堵车，旅游团所给时间有限，未及到达紫藤庐，我们就让司机掉转了车头。

雨中的台北灰蒙蒙一片。

雨中九份

我对台湾的了解，大多经由文艺作品而来。

从邓丽君、罗大佑到周杰伦、徐佳莹，很多耳熟能详的名字，润物有声地浸透着此岸几代人枯燥的心灵。鹿港小镇、澎湖湾、阳明山、淡水河，从吉他弦上飘到我们的心间。歌手陈升写下这样的词——“1948 年，我离开我最爱的人，当火车开动的时候，北方正飘着苍茫的雪，如果我知道，这一别就是四十余年，岁月若能从头，我很想说，我不走”(《戏雪》)。

郑愁予让整个台北都响彻了“达达的马蹄声”，随后这“达达的马蹄声”又席卷了内地诗坛。诗坛苦行僧周梦蝶深于情而又苦于情，无论把《鸟道》或《约会》翻到第几页，读到的永远是寂寞。白先勇小说里的台北人，其实是作客台北的游子，故国三千里，飘蓬二十年，异乡似乎永远也成不了故乡。

杨德昌、侯孝贤的电影让贾樟柯叹服不已，内敛缓慢而又有节制，看似平淡如水，却处处充满暗涌。尽管今日之台湾电影，似乎远不如大陆商业片卖座，但侯孝贤《聂隐娘》的诗化电影一出，依旧会让内地呼风唤雨的张艺谋、陈凯歌、冯小刚等擅长“奥运会开幕式”“春晚盛典”的导演相形见绌。

《恋恋风尘》是侯孝贤早期的叙事，根据台湾作家吴念真的初恋经历改编而成，讲述一对青梅竹马的男女——阿远和阿云，打小并不自觉于所谓的爱情。后来一起去城市打工，阿云的妈托付阿远，“你要好好照顾阿云，不要让她变坏了，以后，好坏都是你的人”。阿远应征入伍了，阿云送给阿远的礼物是一千零九十六个写好自己地址姓名并贴好邮票的信封。结果是阿远退伍之前，阿云和天天送信的邮差结婚了。青梅竹马的美好虽会随着时光逝于风尘，无法忘却的却是那为人眷恋的美好。

电影的外景选在台北远郊基隆山下的小镇——九份。因为这部电影，使这个寂寞无名的矿区，成为今日的旅游胜地。三年前带学生来台游学，曾要求接待方安排这一景点。三年很短，重来九份，雨如水注，风也凛冽。

如今的九份，吸引人的早已不是《恋恋风尘》，而是依山逶迤的小街和各色小吃。九份是日据时代的一个废弃的金矿开采区，至今其建筑仍保留着浓郁的殖民特色。沿山蜿蜒的小街，俯瞰着风雨凄迷的基隆港。家家门脸都在经营着各色点心和特产，一样的喧哗却有着迥异于内地古镇的干净。和同行的几位老师去吃芋圆，店是老字号，三年前来过，一碗嫩滑软溜的芋圆下肚，身上的寒意一扫而空。随后去一家丸子店吃鱼丸，汤汁甚鲜美，丸子极有嚼劲。

我和吴荻兄冒雨游逛。在那早已废弃的乡村影院断墙上，依旧悬挂着多年前那幅《恋恋风尘》的著名广告——阿远扛着一袋米挽着阿云行走在矿山的铁轨上。读过野夫的《阳明远望忆晶文》，知道阿远的饰演者王晶文已于前年去世，而饰演阿云的辛树芬也去了海外，那恋恋风尘，已然飘散于天地间。

想起三年前，我曾在一个挂着《恋恋风尘》景点招牌的茶肆吃茶，古旧的桌椅，恬静的茶娘，木炭火上温着的陶壶咕噜着怀旧的氤氲。茶具和茶汤都那么好，只许一个好字，似乎其他皆难以形容。我和佛光大学的简文志老师坐在一起，温一壶午后绿茶，像董桥所说那样沏几片乡愁，然后再迷失在海峡的茫茫之中。

此番重来，苦雨凄风，竟找不到当年的茶肆了。

最美的风景是人

台湾人情好，我三年前就领受过的，对比北京，处处看得稀罕。此番重来，更是深有体会，然而难描述。

譬如，游学营主办方佛光大学的迎送招待，全程没有差错延误，没有横生枝节，大陆做不到这般周详与准确。领队张玮仪老师，热忱，但不会给你丝毫刻意的感觉；志愿服务的四位佛大学生，周全，一切皆出自温良。

又譬如，在台北故宫博物院买纪念品，台币不够，不好意思地问：“人民币能用吗？”营业员稍有迟疑，进去问过，欢天喜地回说可以，倒好像是解决了她的麻烦，比我还要宽慰。

又譬如，在中台禅寺午饭毕，将登大巴时，寒雨袭来，寺庙餐堂的一位服务员忙撑一把大伞，站车门旁为学生遮雨。看到这一幕，台北冬季的雨，瞬间沁湿了眼底。

最难忘的，还是替我们安排行程的圣忍、圣参两位释迦弟子。我们在台湾的时候，遇上了三十年难遇的寒潮，阿里山山顶白雪皑皑。冒着严寒，圣忍、圣参两位法师一路随行，给学生安排食宿，为淋了雨的学生准备姜汤，替崴脚的学生推揉……体贴，周到，温情。在南投的高速公路服务区，法师给我们发了饼干、蛋糕。车将行时，细心而慈悲的圣参法师从另一辆车赶来，告诉皈依的吴荻兄："那个是不含蛋的哟。"吴兄感动，双手合十，连连道谢，法师合十还礼，浅浅一笑。

……

问路抑或搭讪，会邂逅没有张皇迟疑的微笑；那近似吴侬软语的国语，透着从容自重和良善。台湾人恭谨，背后有儒家文化的温润松爽，不给你看得吃力；台湾人周到，内里透着家常的欢然，并不板着脸。笑容、礼貌、抱歉、连声谢谢，都不在话下；办各种琐事，没一次落空、尴尬、被拒绝。我在北京习惯遭遇的粗暴、冷漠、荒谬，在这里全然不见。只有我们着急、抱怨，他们全是耐心、笑脸，我们久在此岸，惯于粗粝的生活，嫌种种礼数与自我克制太麻烦。

种种情状，难以尽述。而这一切人，并非社会精英，而是寻常巷陌寻常人。

台湾最美的风景，是人。诚然不诬。

樊梅庵

2016 年 1 月 14 日

痛与爱都无比真实

——“弦歌不辍兮祭国殇”滇西人文研学　结束语

为期八天的滇西人文研学结束了。我想，行程结束，记忆长留。

那在天空中贪玩的一朵朵白云，那透过松针泻下的一缕缕阳光，那清澈莹润如碧玉的一泓泓湖水……在我的心中交换呼吸。山河春光虽在，宇宙万物犹怜。

松山战场遗址中黄土半遮的坑道和满目的将士雕塑，国殇墓园里弥漫在密匝墓碑间的悲伤，西南联大那远去的一代风骨……在记忆的灯光里晃动。历史飒然远去，悲痛与爱尚在心间。

看过滇西南的奇秀山水，我希望我们每个人都能够拥有一颗宽阔而敏锐的心。

远征军的十荡十决，西南联大的弦歌不辍，应该让我们明白：一种意义上，灵魂远远重于生命的刻度。

苏格拉底说过:“未经省察的生活不值得一过，也不是真正的生活。”我想套用这句话，未经省察的痛与爱也不是真正的痛与爱。屈辱历史和殉难将士带来的悲痛，战火中飘香的腊梅林，蒙自南湖给流离学子心灵慰藉，联大师生跑警报的从容风度，给了爱实地的丈量。

我个人关注远征军历史、西南联大岁月十余年，一次次为压在纸背的情怀而感动，一次次看着纪录片失声痛哭……积三年之功，终于带学生走进了历史，抚摩了余温。

然而，筹划此次研学，所遇困难种种，不足为外人道。我拙于琐务应对，拙于俗事管理，常感每一种前方其实都是深渊，屡次想放弃，屡次怀疑痛苦历史是否真能触动学子心灵，屡次失望不适宜的娱乐轻浮愧对华岳英灵……“有何胜利可言，挺住意味着一切！”

在长水机场，我跟心珠说，时代越激昂，我们可以越慢，但朝向未来，我们既不甘含混，也不宜懈怠。

过去的八天，如同光阴隽永的年年岁岁，我们有了切身的痛与爱。愿此后岁月，我们的灵魂，既单纯洁白，亦顽固不屈。

青山幸兮　风流远矣

《青山依旧　余情还绕》序

我决定为滇西人文研学文集《青山依旧　余情还绕》写序。多少天，多少次，电脑打开又关闭，久久不能落笔，人发呆，心发虚……像个蹩脚画家面对无比辽阔的星空一样束手无策。滇西大地，就是那无比辽阔的星空——高邈，温润，清澈。滇西行游仅有八天，游学途中的点点滴滴，却是再难忘却的。

松山黄土中半遮的坑道和满目的将士雕塑，国殇墓园里弥漫在山坡间的密匝墓碑，西南联大“刚毅坚卓”的一代风骨……在记忆的灯光里晃动。

一、青山有幸埋忠骨

松山，沐浴在高原灿亮的日光下，一片清朗。然而，走在这里，心情是如何也清朗不起来的。

入山，一泓清波中分了两个山头，左边是松山战场遗址，右边是远征军雕塑群。我们跟随导游去右边拜祭英魂。

抬眼，九十六级台阶高耸，上接云天。非克不知何时来到了我身边，说：“老师，我跟您走，这里太冷了。”我知道她说的冷是什么意思，点点头。

缓步登攀，一级一级地走，每一步都很沉。途中无言，阳光照得眼生疼，目光不敢向上。登上最后一级台阶，赫然在目的是数不尽的雕塑。白色的日光覆压白色的雕像群，非克说，日光真冷。

雕塑群呈方阵布置，步兵方阵、炮兵方阵、援军方阵……所有人都无比肃穆地注视着前方——那片他们曾经浴血奋战的山冈，山冈脚下是世代安居的滇西百姓。

站在高大雕塑的阴影里，才能大致看清一尊尊雕塑的容颜。风吹雨淋，他们中许多已有了磨损，些许青苔缀在洁白的身上，雨水的印记极易看出，黑黑的，阴冷。

用凝重的脚步移动，一个个栩栩的形象踱过，来到了老兵方阵前。注视那些沧桑的面容，自然想起麦克阿瑟的那句名言：老兵不死，只是凋零（Old soldiers never die, they just fade away）。

在“松山战役纪念碑”前举行祭拜仪式，师生齐诵穆旦的《森林之魅——祭胡康河上的白骨》：

在阴暗的树下，在急流的水边，
逝去的六月和七月，在无人的山间，
你们的身体还挣扎着想要回返，
而无名的野花已在头上开满。

没人真正清楚，一片山河破碎中，人们如何生活。日常变得不再日常，玻璃杯被遗忘在桌子边沿，强风吹过窗口。战争带着肆意丑恶的姿态袭来，沉默的人民，没有在无言中接受一切，而是背着枪走上了战场。第一次入缅作战，虽有仁安羌大捷，但更多的是失败，伤亡无数，败退不迭。最后，翻越野人山，弥山皆是毒虫瘴气，头顶有日机疯狂轰炸。一具具鲜活的躯体倒下，瞬间喂了毒蚁。“林昏瘴不开”，坐下即难站起，魂丢荒山，魂难归。

“你们的身体还挣扎着想要回返，而无名的野花已在头上开满”，是怎样哀痛的画面！

败退的远征军在危急时刻炸掉惠通桥，将敌人阻隔在了对岸。凭借怒江天险，双方军队对峙了两年。创伤无言，大地无言，在这样的无言之中，却包含一股巨大力量。

两年后，中国远征军吹响了反攻的号角。而日军驻守了两年的松山，成为滇西反攻中最难攻克之地。

从右边山头下来，那泓碧水更加翠润，阳光在这里更添了冷意。非克说得对，今天的日光真冷。

在瞭望台上远眺，依稀可见浸润了滇西百姓血汗的滇缅公路，蜿蜒群山之间。惠通桥只有大致的方位，太远了，而怒江的涛声阵阵传来，裂岸穿石。

看着山头上星罗棋布、密如蛛网的日军战壕、工事，也就理解了：攻占这样一个不大的山头，为什么要耗时95天，为什么要牺牲6000多名战士，何其惨痛的代价！松山的土殷红如血，百年古柏身上的弹痕依旧清晰。

静静的，在那被遗忘的山坡上，
还下着密雨，还吹着细风，
没有人知道历史曾在此走过，
留下了英灵化入树干而滋生。

——穆旦《森林之魅——祭胡康河上的白骨》

我们来过，我们铭记，那一株株刺天的松柏，是远征军坚毅的英灵在滋生着，他们长青！

“山之上，国有殇。”

叠水河畔，小团山上，有国殇墓园。

手持两枝素菊，走过两旁翠柏互拱的夹道，去祭拜满山的英灵。鸟鸣声中，阳光清澈。

腾冲乡绅李根源先生书写的“碧血千秋”石碑深嵌墙上，字是蓝的，肃穆哀伤。转过英烈祠，墓碑漫山遍野袭目而来，令人悲怆。烈日悬空，然而林间阴暗，幽静的步道上，我们走得缓慢而庄严，手中的素菊也是肃穆的。

慷慨悲歌的祭文题写在屏风上，徜徉在我们所有人身边：

十万青年，义赴国难；
十荡十决，甘死无憾。

远山之上，国殇有园；
凛凛大义，昭示无边。

非克在当天的游学公众号里说：“即使是如此昂扬的歌，在松木的掩映下，我们也是无法高声诵唱的。所有人的声音合成了一段没有副歌的旋律、一些低回的诗行。在这里，悲伤和遗恨只适合静静燃烧。因为所有那些真正流淌的激扬热血都已化碧，沉淀到深深处，逆流上最高点，最后，沉重的化为树木，清朗的化为了云。”原想着七十人的声音应该昂扬激愤，然而，在那样的时空，我们的诵唱并不激昂，巨大的哀伤化作平静的声调，隐忍、克制。

墓碑林立，大地喑哑。走过一级级石阶，扶起倒下的黄菊，插在碑前。大多数碑上刻有姓名，看一眼生卒年，常有不满二十岁的少年。想他们在抗战烽火中长大，带着满腔热血冲上了战场，为一座城献身，城的背后是遭日寇荼毒两年的腾冲百姓。我想着他们的人生，禁不住忧伤：二十岁，也能称为一生吗?

祖籍大理的别必权同学走进墓碑丛中，轻轻地拂掉碑上的枯草杂叶，虔诚而柔和；寡言善良的张中正在几座雕塑间轻移，他的花献给了创建飞虎队的陈纳德将军。

我把两枝素菊都献给了“无名烈士碑”，无名的，不是一个两个战士，是浴血疆场的千万男儿，他们托身锋刃端，他们埋骨边陲，还常是“春闺梦里人”。

林风阵阵，日光增寒。我在林立的墓碑步道上，看着满目黑青，想起松山的亮青，突然想起一句话——“青山有幸埋忠骨”！

二、南渡自应思往事

“万里长征，辞却了、五朝宫阙。暂驻足、衡山湘水，又成离别。”

当偌大的华北安放不下一张平静的书桌时，北大、清华、南开迁至长沙，组成临时大学。紧接着，南京见屠，长沙危在旦夕。三校再次迁徙，这一次的终点是云南昆明。

“绝徼移栽桢干质，九州遍洒黎元血。”

山河虽已破，文化不能亡。国难当头，临大师生再次迈开了悲壮的步伐，穿越大半个中国，抵达昆明。

一所教育史上最朴拙的大学建立起来了，所有校舍均为平房，教室的屋顶用白铁皮覆盖，学生宿舍、办公室是茅草顶……梅贻琦先生曾说过：“所谓大学者，非谓有大楼之谓也，有大师之谓也。”坐落在昆明西北郊的联大没有大楼，却是大师云集：陈寅恪、钱穆、冯友兰、金岳霖、闻一多、朱光潜、朱自清、汤用彤、叶企孙、周培源、华罗庚、陈省身、曾昭抡、赵九章……

看着铁皮屋顶的平房，电影《无问西东》中“静坐听雨”的片段有了实景触媒。就在这样简陋的教室里，闻一多先生曾放言“痛饮酒，熟读《离骚》，方可为名士”，刘文典先生曾以“观世音菩萨”五个字教学生写作之秘诀，诗人冯至写下了“我们准备着深深地领受”这样成熟的十四行诗……

国难当头，弦歌不辍。

大后方也并不太平，日军开始了对昆明的轰炸，当时的昆明几乎没有防空力量，于是有了“跑警报”，汪曾祺先生在《跑警报》一文中说：“也有叫‘逃警报’或‘躲警报’的，都不如‘跑警报’准确。‘躲’，太消极；‘逃’又太狼狈。唯有这个‘跑’字于紧张中透出从容，最有风度，也最能表达丰富生动的内容。”

跑警报时，联大师生喜欢从北门穿过古驿道，跑进一片马尾松林。有人在松树下读温飞卿，有人在山洞里研究逻辑学，还有老师在讲爱因斯坦……

硝烟炮火中，弦歌不辍。

漫步在联大遗址，我总是禁不住地伤感。我的伤感源于对一个时代、一种风骨、一种精神的憧憬：“教授治校”的模式已成绝响，梅贻琦校长式的斯文亦已绝迹，“违千夫之诺诺，作一士之谔谔”的刚正不阿亦已罕见，“内树学术自由之规模，外来民主堡垒之称号”，早已消散在历史的风尘中……

充满着热血与眼泪的理想主义，对于联大那代人而言，那或许是一抹残阳，或许是一缕阴影，但对于我们和今后的年轻人来说，那是一种难以想象的存在。

“怅望千秋一洒泪，萧条异代不同时。”

昆明的联大本部有长达八年的弦歌不辍，蒙自南湖的联大分校亦有半载的笳吹弦诵。

南湖的水，乍一看去，像一块青琉璃。八十年前，当衣衫褴褛却器宇轩昂的教授乘小火车来此，当无家可归唯随校迁徙的学子步行来此，这块青琉璃给了他们怎样的慰藉啊。

远客南来，蒙自官绅以海关税务司署做联大分校教学和办公场所，以哥胪士洋行楼做师生住宿地，这两处都在南湖畔。垂柳婆娑，清波微漾，枕着湖水，时光似乎格外平静温柔。

然而，平静温柔的只是湖水，国破山河陷，九州黎元哭，暂时安放下一张平静的书桌，也忘不了那沦陷的国土、那音书断绝的父老。

陈寅恪先生在湖畔散步时，追思历史，想永嘉南渡、宋室南渡、明人南渡，俱不能北返，深哀江南，写下过“北归端恐待来生”的诗句。

闻一多先生不为南湖风光所吸引，镇日闭门读书，“何妨一下楼”的玩笑话中，有先生怒读救国的身影。

穆旦、赵瑞蕻等青年学子在南湖畔成立了诗社，国破之际，诗歌依然是最温暖、坚强的力量。

……

他们在南湖畔思往事、读古书、偃仰啸歌，这是南湖的恩赐；然而，萦绕心间的还有残缺的国土、流离的百姓、抗战的烽火……“千秋耻，终当雪，中兴业，须人杰”！

三、建水——诗意栖居之城

在行程中设计“建水”一站，本是冲着建水文庙而去。一个极边之城居然有文庙，且规模居然仅次于曲阜文庙。而最终刻在心间的，却是这座古城的诗意栖居。

建水，古称临安（此临安并非杭州），建城于明洪武年间，已是一位年逾700的老叟。

在国内过去数十年的拆迁运动中，有些古城幸存下来，但大多数成了民居博物馆，原住居民被搬迁，只剩下建筑空壳。看上去古色古香，内里全是商店，同处滇境的丽江、远在姑苏的同里，如出一辙。建水岿然不动，我行我素，依然是一个“画栋雕梁应犹在，只是朱颜改”的世界。

在其他古城迈着匆忙的步伐焕然一新之际，建水因循着，不肯轻挪一步，那些传统的建筑样式，手工、生活方式，人情味、口味……在这座古城绵延着。这里的原住居民，过着与古人大同小异的日子。古街依然，弹棉花的、做陶器的、煮米线的……水井安然，汲水的、扫落花的、做烧豆腐的、纳鞋底的……洗衣的妇人也还蹲在井边，背上依然背着个娃娃。梅花依然在这些古巷子里“不受尘埃半点侵，竹篱茅舍自甘心”，明月依然在这个城里“转朱阁，低绮户，照无眠”。

与中国那些失去了历史的“新城”比起来，建水这座古城看上去比较落后，充满沧桑感。大地是落后的，落日是落后的，故乡是落后的，落后意味着一种对时间的迷恋，对经验的自信。建水的落后并不盲目，这是对此在（海德格尔语）的确认，建水知道它要如何“在”，如何作为建水而不是他者而“在”。

费孝通先生在《乡土中国》中借云南禄村谈过这种“此在”：

空着时间，悠悠自得，无所事事的消遣过去。像禄村一类的农村，不但以全村讲自给自足的程度很高，以个人讲，自足自得的味道也很浓。他们不想在消费上充实人生，而似乎在消遣中了此一生……这种经济态度强调节俭，强调知足常乐，而这却是匮乏经济中特有的经济态度。

其实，在中国的传统文化中，生活本身被理解为诗意的、艺术化的，生活即诗。“消遣”，就是诗意的栖居。劳作的目的是消遣、好玩，在世，获得生命的意义，这是一种世界观，而并不完全是经济匮乏的无可奈何。

建水城如此生活，已经持续了700多年。直到今天，建水城依然是个文质彬彬之城，老人依然可以将故乡作为养老院而终老；孩童穿过小街小巷，日日受到长者教育、熏陶；邻里彼此关照……建水本来就是为过日子建造的。在这里，画家、木匠、陶匠、种花人、种稻的人、送水的人……三百六十行的从业者，各得其所，都有自己的饭碗。人们也许尊卑不同，经济能力有异，但是每个人都能够在生活世界的细节各得其乐，一切都止于至善。

听地陪建议，去吃当地最有名的小吃——建水烧豆腐。店是寻常小店，几张木桌，庇荫于两株蓊郁的古树下，我们围坐着。豆腐在炭火架上滋滋响，老板不时用筷子拨动一下。一盏茶工夫，烤好一盘，蘸着云南特有的辣子，一口一块，香酥蛮辣，好吃极了。

飞机降落北京机场时，内心陡然生出一丝失落，那份有所追求的快乐，那份无功利、无目的、因而是审美的人生境界，繁华的帝都，哪里可以寻觅到？我将要面对的，还是日复一日的琐碎。

滇西远去，历史飒然，痛与爱尚在心间。

青山依旧，余情还绕。

梅庵说“文”

——在“昭昭有唐　盛世华章”艺术节闭幕式上的发言

尊敬的各位同人，亲爱的同学们：

早上好！

受萝盦先生之邀，鄙人不揣浅陋，来给大家说说“文”字。

这个“文”字非同一般。古代只有很圣明的皇帝和贤能的大臣亡故后，才可以谥号为“文”，如汉文帝；再如，范仲淹谥曰“范文正公”，欧阳修谥曰“欧阳文忠公”，王阳明谥曰“王文成公”，曾国藩谥曰“曾文正公”，等等，这些可都是青史留名的人物。

何谓“文”?《说文》:“文，错画也，象交文。”《考工记》:“青与赤谓之文。”《周易·系辞下》:“物相交，故曰文。”“文”字本义就是指在胸前交错的花纹。我国上古人有这样的习惯,《庄子·逍遥游》:“越人断发文身。”就是说越人把头发剪断、在身上刻花纹。这应该是人类从野蛮走向文明的一种表现方式。

我们先来看看“文”字甲骨文和金文的形体。你看甲骨文的“文”字就像正立的人形，最上端是头，向左右伸展的是两臂，下部是两腿，胸前刻有美观的花纹。金文的“文”字形体基本上同于甲骨文，不过胸前的花纹更好看了。

到了篆文的时候，就把胸前的花纹省略了；到了隶书的时候，“文”字一点也看不出人形了。

（睡虎地秦简·编号 4）

总结一下，“文”与花纹有关，它是追求美、弘扬美的;“文”也与人有关，它是关注人、关怀人的!

下面我简要说一说由“文”字参与组成的三个词语：文章（或文学）、文化和文明。

在古人看来，文章，不是小事，而是经国大业。魏文帝曹丕就曾说:“盖文章，经国之大业，不朽之盛事。”那么，文章（或文学）究竟有什么作用，称得上“经国之大业”呢?有一种答案是“无用之用”，或者“无用而大用”，这种说法很符合咱们这个民族的思维，玄而又玄，云里雾里，高深莫测。俄裔美国诗人布罗茨基对这一问题有精彩的回答，他说:“文学（诗歌）作为语言的最高形式，它就是我们整个物种的目标。”这样说话真是太酷了，不要问有用没用这种低级问题，太有用了！没有文学（诗歌），咱们人类这个物种简直没有存在的必要了。

“文”与“化”并联使用最早见于《周易》——“观乎人文，以化成天下。”

这句话的意思是：考察社会典章制度的得失，可以化育成就天下之人。简单一点说，就是“以文教化”。西汉以后，“文”与“化”连成一个专用词。那什么是文化呢？有一种观点认为：“文化其实体现在一个人如何对待他人，对待自己，如何对待自己所处的自然环境。”在一个文化厚实深沉的社会里，人懂得尊重自己——自尊，且有自己独特的心灵空间；人懂得尊重别人——敬人，与人为善，关怀他人；人懂得尊重自然——“爱一切众生犹如慈母”，有永续的智慧。自尊、敬人、善良、博爱、智慧，是文化积累的总和。

在日常生活里，有一个概念经常和“文化”同时出现，这就是“文明”。文明和文化之间有着无比密切的联系。法国著名历史学家布罗代尔就曾说：“要想把文化和其基础——文明分离开来，是虚妄的。”但文化和文明又是有区别的。如果说，文化是自然的对应，那么文明就是野蛮的对应。文明越发展，人类距离野蛮状态越遥远。在此意义上，“文明”即“以文明之”，用文字、文章（文学）、文艺、文化为世界文身，照亮精神世界的黑暗！

“昭昭有唐，盛世华章”，我校的艺术节，是师生以艺互娱、以文互明的节日。敝人有幸，躬逢其盛。愿艺术、文学永远丰盈每一位实验人的内心，愿文化、文明永远温润每一位实验人的生命！

谢谢大家！

“云山几盘　风流几湾”

——2020 届高二学子江南人文研学设计初衷

我想可能每个人在其一生中，都拥有这样的只语片字，珍之若神明，念之若冥接天地之美。“江南”一名，对于我正有这样的神秘经验。

江南有食不厌精的美食、如画如诗的园林、精雅悠闲的独立书店……现代人往往将江南文化描写成特具女性情调的杏花春雨、旖旎香梦。不错，正像古诗所写的：“江雨霏霏江草齐，六朝如梦鸟空啼。”

文字塑造了我们对江南的想象。“君到姑苏见，人家尽枕河”，“客路青山外，行舟绿水前”，“腰缠十万贯，骑鹤下扬州”……

“文化江南”的这样一种美，无疑有着常新常存的魅力，然而我总感到这样说着江南的雨、江南的梦、江南的人与事，说得多了，似乎有着某种重要的遮蔽。江南远不止这样的绮丽梦幻，它还有辛弃疾在北固楼头纵目中原时的满腔悲愤，顾亭林、黄梨洲等文化遗民的危苦孤忠，南京城八十多年前惨绝人寰的创痛……

明遗民存在的意义，对于现代人来说，正是所谓“百姓日用而不知”。其实在三百多年前，明遗民就为今天播下了文化精神的种子。我们知道，中国数千年未有之变局是辛亥革命的成功，我们也知道，辛亥革命的渊源是吾国固有之民族思想；但是，很少有人知道，也很少有人认真想一想，这个思想的真正播种地，是明清之际的江南文化。

从这个意义上说，明清之际的民族思想，是现代文化的真正发源处。如果将民族文化作一个大生命来观照，顾亭林、黄梨洲等文化遗民，都是现代文化的播种人，这正是“文化江南”的深意、远意。牟宗三先生曾深刻指出：“中国文化亡于明亡之时。”但从流转意义说，又何尝不是它的再生之时？三百年间事，其间伏流奔莽，隐显无定，知识人少有不被五光十色的现象所迷惑。但孟子说的“观水有术，必观其澜”，依然是大智慧。

江南研学的初衷，也许就是去触摸、亲近那越来越与现代人遥远相隔的心灵的存在。

“灯火相续”

——2020 届高三学子敬赠母校礼物解说词

2020 届高三学子给学校赠送的礼物是：灯。我们给勤肃楼前的桃树李树海棠树装地灯，在小竹丛里也装上地灯。礼物由吴萝盦先生设计，樊梅庵老师为之拟了四个字——灯火相续。

寓意有三：

其一，感恩学校和老师。学校之教化必须启蒙，点亮灯，让光投射到远处。庄子说“薪尽火传”，教师就是为人类文化添薪续火的人。让灯亮起来，感谢学校的培育，感恩师者的教化。

其二，传承实验精神。2017 届高三学子给学校种了一片翠竹，萝盦先生书“君子之风”。2018 届高三学子给学校种了几株桃李，寓意“桃李不言，下自成蹊”。2020 届高三学子用灯火让翠竹、桃李亮起来，亦是把实验精神传下去。

其三，接续文化、弘扬传统。循循师者传道授业，莘莘学子求善问道，薪火相传，道不可止，灯不可灭。灯火相续，是我们对传承文化的坚贞信念，更是我们对传统文化的脉脉温情。

“兰生幽谷中”

——2021 年“世界博物馆日”记北师大实验中学艺术馆

实验中学艺术馆，诞生十有二年矣。身处繁华西单，然闹中取静，寒简淡泊，不求炫惑。闭馆之时，一束微光，暗淡幽眇。开馆之日，檀香流淌，灵光绰绰。

艺术馆内，寂寥之中，隐隐若有歌吟：吴越宝剑，寒光如水；东汉陶楼，朴拙自然；唐镜宋瓷，精美如斯……

这些文物作者，早已湮灭于历史风尘。但寄托古人志趣的文物，有一柜一阁作藏身之所，如兰生幽谷，菊绽素秋，于静穆中展现永在的青春、千古的风流。

实验师生，盘桓艺术馆，或感千年文明，与我息息相关；或悟天才灵魂，对我殷切关照。于是，澄净心胸，荡去遮蔽，在性灵的空山里，看古中国的寒林瘦石、一湾清流，或可寻得些许心解，徜徉文物背后广阔的文明之河。

“兰生幽谷中，倒影还自照。无人作妍媛，春风发微笑。”倪云林诗句，或可为我校艺术馆写照。

化育菁华，当重美育

——为学校美育纪录片撰写文案

美育，顾名思义，以美育人。美者，或以丰富精神，或以纯洁道德，或以温润生命。无美之教育，必然是单调的、枯燥的。故学校当重美育，彰显人文，荟萃艺术，涵养新风，化育菁华。

实验美育，非单纯之美术教育也，乃打破学科壁垒，以美育人之教育也。爱因斯坦曾说："照亮我的道路，并且不断地给我新的勇气去愉快地正视生活的理想，是善、美和真。"实验之美育，宗旨在于启迪学生科学求真、人文求善、艺术求美，致力于促进学生感悟美、欣赏美、创造美的能力，让青少年学子在"新旧合冶，殊途同归"的思想碰撞中，在科学、人文与艺术的融合中启迪智慧、丰盈生命。

实验美育，非囿于课堂之教育也，乃以包容多元的文化熏陶学子之教育也。一所有品位的学校、一所充满活力的学校，也应是一所美不胜收的学校。在本校区小花园的紫藤树下读《红楼梦》，在北校区的樱花下读川端康成或三岛由纪夫，何其美也！在澄观堂跟随吴梦菴先生品赏《富春山居图》，在“寿苏雅集”的《寒食帖》幕布下欣赏苏轼的书法，何其美也！满身明黄的银杏树下先生携书缓行的身影，竹劲梅清的勤肃楼前同学们挥拍击球的身姿，何其美也！槛外风光，历春夏秋冬万千变幻，皆非凡境；窗中云影，任东南西北去来澹荡，洵是仙居。一所充满诗意的校园，每一位师者工作在满园的花香中，每一位学子学习在一室的暖阳里。在美不胜收的校园里，建设我们自己，如同建设这个世界。

器识为先，必崇德明理，五育创新并举；文艺其从，更启智润心，一生向美而行。美是生命的需要，美是时代的召唤，向美而行，不是为了掌握“一技之长”，而是为了让莘莘学子在自然之美、文化之美、生命之美中丰富思想、塑造品格、汲取力量，矢志追求更有高度、更有境界、更有品位的人生！

卷四　安得促席

空一缕余香在此

我们这一代人，是不大看戏的了。

对于艺人的了解，还是从看了电影《霸王别姬》开始的。张国荣饰演的程蝶衣，绰约多姿，美得炫目，男人中，能用“倾国倾城”来形容的，怕也只有张国荣了，他是男人里头最妩媚的一个。

艺人身怀绝技，头顶星辰，去践履粉墨一生的意义和使命。春夏秋冬，周而复始。仅此一点，就令人动容。

余生也晚，没能赶上京剧繁荣鼎盛的时代，更无缘得见那个时代的艺人们。对于艺人的了解，只能从书籍、影像之中获得，窥一斑而知全豹，仅有的一点了解，竟让我对这一批艺人痴迷起来。

艺人中的杰出代表，当数京剧“四大名旦”。1927 年，北京《顺天时报》举办京剧旦角名伶评选。读者投票选举结果：梅兰芳以演《太真外传》，尚小云以演《摩登伽女》，程砚秋以演《红拂传》，荀慧生以演《丹青引》，荣获“四大名旦”。“四大名旦”脱颖而出，是京剧走向鼎盛的重要标志。他们创造出各具特色的艺术风格，形成了梅兰芳的端庄典雅，尚小云的俏丽刚健，程砚秋的深沉委婉，荀慧生的娇昵柔媚——“四大流派”，开创了京剧舞台上以旦为主的格局。

我痴迷的艺人，除了上述四大名旦，还有20世纪20年代的四大须生——余叔岩、高庆奎、言菊朋、马连良，以及孟小冬、张君秋、言慧珠等名伶。这些艺人，他们在舞台上的唱腔、水袖、扇功等诚然让人痴恋，然而他们的人生，更让人流连。他们是这样一群人：活得美丽，死得漂亮。美，对于别人是用来欣赏的；对于他们，那就是生活常态。

艺人很美，首先美在舞台上。婉转之曲调配以优美之文辞，婀娜多姿的身段配以精雕细刻的脸庞，多愁善感的表情配以华美优雅的装饰。一个唱腔，百转千回；一件首饰，珠玉生辉；一段文辞，凄美欲绝——当其以繁华声色呈现于舞台，不仅市井平民如痴如醉，那些有身份、有文化的人也陶醉流连。据我所知，陈寅恪、朱自清、章士钊都是喜欢听戏的。

艺人的美还表现在体面上。艺人是最讲究体面的一群人。体面关心的是自己在他人眼中的形象，是一种通过他人的肯定方可获得的自我评价。体面注重的是环境反应，是社会眼光，所以，体面之中包藏着自尊。社会地位低贱的艺人可吃苦，能受罪，但对体面式的尊严具有特别的敏感。梅兰芳的猝死，不就是为了保持体面，病中坚持独自如厕吗?

艺人的美更体现在人格上。抗战期间，举债度日的梅兰芳在友人的帮助下，开办画展，不料日伪汉奸前来捣乱，在每幅画上都用大头针别着纸条，写上“汪主席订购”“周副主席订购”“冈村宁次长官订购”……梅兰芳怒火中烧，愤然毁掉所有画卷。同时他断然蓄须明志，不为民族敌人演出，表现了一代艺人不屈不挠的刚强骨气。另一位名旦程砚秋在北平沦陷时期息影舞台，务农隐居，以“停演”的方式表达自己的爱国之情；更有只身痛打数名日本宪兵和伪警察之后脱身的惊人壮举，为世人称道。

艺人，是独特的一群人，在创造灿烂的同时，也陷入卑贱。他们的种种表情和眼神都是与时代遭遇的直接反应。时代的潮汐、政治的清浊，将其托起或吞没。但有一种专属于他们的姿态与精神，保持并且贯通始终。

“人生难得有情痴”，艺人们确是最痴的，他们痴于戏。一个人，把全部心力毫无顾忌地托在一样东西上。这东西可以是物质的，可以是精神的，可以是感情的，也可以是艺术的。那种“托”是托以终生之托。艺人就是把一生一世都托在了“戏”里。

“桃花开了杏花开，旧人去了新人来”，艺人们已经远去了。现在人们知道和记住的是成龙、章子怡、刘亦菲以及大红大紫却与艺术毫不相干的“快男”“超女”们。

我知道，时间可以将一切涂改得面目全非，可以将沧海变为桑田，可以将女人变成望夫石，但有一样是不朽的，那就是艺人们的灵魂和歌吟。

一阵风，留下了千古绝唱。

我与遐之先生的诗词酬唱

王先生讳芳耀，字遐之，古武陵人。

遐之先生是遗世独立的文人。他仰观浮云，俯鉴流水，徜徉徙倚在造化的神奇里；他浸润辞章，自得其乐，流连忘返于千秋诗心中；他的书法有魏碑风骨，毫无后世文人书法的媚态。文人与自然、辞章、书法的亲近，在他是生命的恣意游憩。

他的天性本乎自然，情感乐见自然之趣，但理性认知，却倾向于识外无境。故他单纯的内心世界，不免存有矛盾，性简每为事繁所苦，知易行难的理想，又常为人事所格。

遐之先生是异世独立的“士”。他缺席于众声，选择独见；缺席迎合，选择批判。勇敢的思想者不会泯然于宣传机器造就的“共识”，在他看来，这只是本真生存“遮蔽”于言辞的“欺瞒”。这样的士才真正配得上“知识分子”的称呼，因为他具备陈寅恪先生在给王国维先生的碑铭中所称赞的“独立之精神，自由之思想”。

遐之先生的文字及性格有如其风骨，傲然于浊世而立。《诗经》云：“瞻彼淇奥，绿竹猗猗，有匪君子，如切如磋，如琢如磨。”沅江边上长大的诗人王遐之，就是这样自我磨砺而成的斐然君子。

“既见君子，云胡不喜？”我来实验从教数载，听先生课，读先生书，聆先生教诲，何其有幸。

遐之先生爱诗擅诗，他常说，丰饶的心田不加耕耘亦会变得贫瘠，杂草蔓生。我也爱诗，虽然是门外汉似的痴喜，却也醉后涂鸦过几首。兹录遐之先生与我酬唱的诗作数首如下，供爱诗、懂诗诸君批评。

【遐之、梅庵酬唱一】

贺遐之先生寿

樊梅庵

江山饱看醉还醒，沧海横流事几经。
剖余磊块擎雷出，合有文章泼洒灵。
说梦笑他槐国蚁，引吭摘得草堂星。
寿筵可聘弹琴手？谱入潮声彻夜听。

55岁生日酬后君见赠

王遐之

野蔬乱饮紫阳斜，忆罢洞庭侃长沙。
脸臊但因说粮事，酒酣几次闹班花。
书生落魄诗方巧，夸父捷足日亦赊。
老汉休提孟浪勇，狂挥书法又抓蛇！

【遐之、梅庵酬唱二】

赠遐之先生

樊梅庵

尚存一息以诗鸣，且向霾天说不平。
恨我愚顽难折节，钦君能忍善吞声。
微乎砥柱中流立，盛矣樗材夹路生。
吾汝穷途哭痛罢，亡羊臧谷两无成。

2016 年 9 月 25 日

中秋自谑

王遐之

9 月 25 日，同仁俊秀樊梅庵见赠。迂朽周末贪睡，无以酬，乃取十日前此律复之。浮生同慨，聊博一喟一哂也。

逆缘芝宇犯华盖，井水塞牙百事哀。
睉尿须臾遭狗咬，巢孵昼夜遇虫灾。
背时魔祟打墙鬼，走髀豮猪合欢槐。
劫数无常应苟且，南冠君子命咸乖。

2016 年 9 月 15 日

“安得促席，说彼平生”

——妻生日，有感而发

周一带学生们读《给河马刷牙》一文，有这样的话：“在现代的生活架构里，什么样的工作比较可能给你快乐？第一，它给你意义；第二，它给你时间。你的工作是你觉得有意义的，你的工作不绑架你使你成为工作的俘虏，容许你去充分体验生活，你就比较可能是快乐的。”我就感慨了几句，教师这份工作是有意义的，但这份工作不给我时间，剥夺我的生活，让我没有日常生活的温软，让我不快乐。

其实何止是老师，今天的年轻人，今天日常生活里的公众，谁不是这样？作家格非在清华大学的一次演讲中说：“今天中国最可悲的事情是我们的日常生活被破坏了，被毁损了，我们都在准备过日子，但是我们不在过日子，都在为未来提心吊胆地做准备，挣点钱把孩子送到国外，但是我们本身不再过日子，没有日常生活的质地。”这真是莫大的悲哀！

我常常想，余华小说《活着》的题目取得真好啊，今天我们其实就是活着，只是活着，但未必存在，我们很多人其实没有存在过。我今年教高一，但因为当班主任、备课组长，比我教高三的工作量更重两倍，每天活得像行尸走肉，没有灵魂。许多个夜晚，回到家中就和衣而睡，半夜醒来，看窗外如水的月光，形愧落泪……

我是个胸无大志之人，没有轰轰烈烈改天换地的理想，我最深的理想就是一种日常而又诗意的生活状态。那该是曾皙“暮（莫）春者，春服既成，冠者五六人，童子六七人，浴乎沂，风乎舞雩，咏而归”的和乐从容，是白居易用“红泥小火炉”温着一壶小酒呼友共酌的安闲悠哉，是李商隐“共剪西窗烛”话巴山夜雨的温馨缱绻……有一种诗意从最平淡的生活中萃取出来，让人温暖，让人动容。

周三给学生们讲杜甫《赠卫八处士》，诗中写老杜与故友重逢的句子：

焉知二十载，重上君子堂。
昔别君未婚，儿女忽成行。
怡然敬父执，问我来何方。
问答乃未已，儿女罗酒浆。
夜雨剪春韭，新炊间黄粱。
主称会面难，一举累十觞。

我跟学生们说，这几句诗非常深沉地打动了我，多次让我满眼泪水。为什么？“夜雨剪春韭，新炊间黄粱。”是什么珍贵的东西吗？不是，太平常了！而正因为它是平常的，所以太美了！这就是人的温度、人的热度、人的生活！这大概就是我对生活最深的盼望——不需要伟大光辉的天堂，只需要卑微温暖的日常。

引申讲到陶渊明《停云》诗中有句子：

人亦有言，日月于征。安得促席，说彼平生。

我尝试着翻译了一下：

人们都在说
日日夜夜，辛苦奔波
什么时候才能与你面对着面
说一说，彼此的生活？

这诗里有一种平淡的深情！说一说彼此的生活有什么重要的呢？非常非常的重要！我们的日常是在“日月于征”之中度过的。我们挤着穿梭在暗黑大地深处的地铁，我们被绑架在各种便于指挥我们的微信群，我们不得不与那些乌七八糟的委琐之辈周旋委蛇……没有“日月于征”，我们无法在天地之间生存。但是，一个人活着不仅仅是为了自己和家人的生存，人是有心灵的，心灵是需要呼吸的，在哪里呼吸呢？在“促席说彼平生”的生活里呼吸，在无关轻重没有目的的闲谈之中呼吸。而如果闲谈的对象是你思念的人、喜欢的人，无论说什么都是高兴的，都是温暖的，都是喜悦的。正是在这样的虚度中，你的时光才闪耀着温润的人性之光。

今天是妻子生日，上完课，不理“案牍之劳形”，我奔向菜市场，买鱼虾、青菜，给妻子做一顿晚饭……

为我们憔悴的生活举起酒杯，一杯葡萄酒不足以给生活带来幸福，但我们能共享！

妻伴儿子睡下，我在灯下读诗，席勒的诗句：

诗引领漂泊的人
走出陌生的他乡
重寻天真单纯
重回幼时茅庐
摆脱冷酷的枷锁
在自然怀中温暖安眠

这完全就是马尔库塞《审美之维》的诗意表达，诗会让灵魂苏醒，让苏醒的灵魂守候，而守候于幽夜是一种幸福，正如西西弗斯是幸福的一样。

月色入户，小屋皎然。

诗心的召唤

现代作家中，废名是深受我喜爱的一位，除了诗作中的禅意，他的散文和小说中的诗化语言也让我着迷。毫不夸张地说，废名是一位激活了传统“诗心”的现代作家。

在写于20世纪30年代的《随笔》中，废名说：“中国诗词，我喜爱的甚多，不可遍举。”他在这篇文章中诗意地写道：“我最爱王维的‘春草年年绿，王孙归不归’。因为这两句诗，我常爱故乡，或者因为爱故乡乃爱好这春草诗句亦未可知。”废名因为“春草年年绿，王孙归不归”爱恋着故乡，我则因为废名的解读而越发感受到唐诗中温润的情怀。

《桥》虽然是废名的长篇小说，却充斥着谈诗的“诗话”。《桥》中不断地表现出废名对古典诗句充满个人情趣的领悟。如《桥》一章中：“李义山咏牡丹诗有两句我很喜欢，‘我是梦中传彩笔，欲书花叶寄朝云’。你想，红花绿叶，其实在夜里都布置好了——朝云一刹那见。”小说里的女主人公称许说“也只有牡丹恰称这个意，可以大笔一写”。这样的诠释太具有废名个人化的特征了，却也以其灵心善感启发了读者对于义山诗句的细品。

其实，除了废名，尚有许多现代作家在他们的美文中召唤着我们的诗心。我作为一个一文不名的文学爱好者，对中国传统诗歌中的清词丽句、惠质美感乃至潜藏于未知的“诗心”的领悟，也深深地受惠于一些现代作家的眼光。

依稀记得十年前，在故乡小城的高中课堂上，学习朱自清先生的《荷塘月色》，如诗如画的语言中，淡淡忧愁淡淡感伤的文章里，我印象最深的却是文中引用的“于是妖童媛女，荡舟心许；鹢首徐回，兼传羽杯；棹将移而藻挂，船欲动而萍开”。而作者信手引自《西洲曲》中的句子“采莲南塘秋，莲花过人头；低头弄莲子，莲子清如水。”更是引起生在水泽之乡的我对于莲叶田田的故土的钟爱。

而学戴望舒的《雨巷》，在难忘那个“撑着油纸伞，独自 / 彷徨在悠长，悠长 / 又寂寥的雨巷”的姑娘的同时，我更为那雨中迷离的丁香陶醉，并进而觅读了李义山“芭蕉不展丁香结，同向春风各自愁”和南唐中主李璟“青鸟不传云外信，丁香空结雨中愁”的句子，时时臆想那丁香的纤弱清雅和淡淡哀愁。

上大学后学现代文学史时读郁达夫，则喜欢他所酷爱的黄景仁的诗句“似此星辰非昨夜，为谁风露立中宵”，恍惚中，脑海里不时浮现那个寒风暗夜只为伊人独立的形象；细读《两当轩集》后进而喜欢了其中的许多诗语，诸如“悄立市桥人不识，一星如月看多时”，这种“冠盖满京华，斯人独憔悴”的情怀让我神往。

后来读卞之琳，他的诗歌《尺八》和美文《尺八夜》都是由对苏曼殊“春雨楼头尺八箫”的童年记忆触发，我虽从未听过尺八的吹奏，然而却熟背了曼殊上人的《本事诗之九》:“春雨楼头尺八箫，何时归看浙江潮。芒鞋破钵无人识，路过樱花第几桥。”并爱上了这位晚清的诗僧，为他“还君明珠双泪垂，恨不相逢未剃时”的多情深深打动。

读张爱玲，知道她最喜欢的是《诗经》中的“死生契阔，与子成说。执子之手，与子偕老”，并称“它是一首悲哀的诗，然而它的人生态度又是何等肯定。”其实这种悲，这种“肯定”，何尝不是张爱玲人生的写照？

同是《诗经》，周作人偏爱的却是“风雨如晦，鸡鸣不已”。也许，知堂从山雨欲来风满楼中深刻地预感到了一个国危民乱年代的到来。

后来读汪曾祺的散文，写他的故乡高邮，写高邮的土特产——咸鸭蛋，当然还有他的同乡秦少游。我因之翻阅了《淮海居士长短句》，“山抹微云，天连衰草”那一派明爽哀飒让我久久不能忘怀。

最近在课堂上讲杜甫的《登高》，借用林庚先生《说“木叶”》一文解读诗中的“无边落木萧萧下”。林庚先生在思索为什么“天才的杜甫却宁愿省掉‘木叶’之‘叶’而不肯放弃‘木叶’之‘木’”后，做出了极有见地的阐释：“‘木’不但让我们想到了树干，而且还会带来了‘木’所暗示的颜色性。树的颜色，即就树干而论，一般乃是褐绿色，这与叶也还是比较相近的；至于‘木’呢？那就说不定了，它可能是透着黄色，而且在触觉上它可能是干燥的而不是湿润的。”我真是爱煞了这样的阐释，它让我领会到一种落木清秋特有的疏朗阔大的气息。

……

也许，这些诗句并不是中国古典诗词中最美的，每个作家对于诗歌的喜爱，难免都带有个人性。但他们正是凭借这些令他们偃仰啸歌抑或久久低回的诗句而思接千载、神游万仞。古之骚人墨客笔下的蒙尘的明珠，依然闪烁在现代作家们的心头，两者深刻共鸣，又影响后来的读者，这何尝不是一种诗心的召唤？

这样的世界，我们怎么还能“爱得深沉”？

冬天的北京太冷了，一出门，人就成了冰棍儿。

我去学校备课，接下来的《伐檀》《氓》可不好讲啊……

坐在开着暖气的专车上，我开始背《伐檀》《氓》。背完一遍，信手看朋友圈，年年兄转发的文章《村里的房客搬走了》赫然在目，那些暗黑的出租屋里绝望的泪水，一下子让我重堕冰窟。

这几天帝都发生了什么？孩子们被针扎、被性侵？某些人眼中的低端人口被扫地出门？这些新闻在朋友圈、微博已经炸了三天了，我因为要讲公开课，居然选择性地忽视掉了。我也曾转发过一条，也曾骂过性侵儿童者“变态”，也曾对着朋友圈心酸……可是，我终究什么也没做。朋友圈里大部分状态也依然是歌舞升平的……

连悲伤都是一出锅就冷了，来不及端上桌就凉了。

看着那些家长撕心裂肺的表情，看着那些城市建设者绝望的眼神，想起一句话：大多数人生活在平静的绝望里。

阿尔贝・加缪说过："我到死都不会爱这个儿童遭罪的世界。"可是，我们的现实是，孩子喝毒奶粉、打毒疫苗，甚至，在幼儿园被性侵……然后，朋友圈里还在说："这盛世如你所愿！"

我高中背过鲁迅先生的许多话，至今还记得一些："我向来是不惮以最坏的恶意，来推测中国人的，然而我还不料，也不信竟会卑劣凶残到这地步。""然而，我实在无话可说，只觉得我所住的并非人间。""我将深味这非人间的浓黑的悲凉。"……

我高中大概性格像史湘云，嘻嘻哈哈地背了，但不是很明白，考试换了很好的分数。这几年渐渐明白了，只好对着朋友圈"毒疫苗"的新闻大哭，对着"红黄蓝"的新闻大哭，对着南六环租户区恍惚的灯火痛哭。

我的一名刚毕业的学生在复旦大学学法语，周四她发了一条这样的朋友圈：

在一次思修见面课上，老师让大家提出自己的困惑。

我问道：世界上有那么多黑暗的事情，我们该如何面对？

前排几个男生发了不屑的嗤笑声。

老师无奈地笑了笑，很诚恳地回答：孟子说过，穷则独善其身，达则兼善天下。连孟子都只能这样了。

下课之后，我念着这句话，哭了许久。

红黄蓝幼儿园的事件，大家都在声讨。

我突然发现，我学习法语专业对于这类事件的无能为力。

可是，我想做点什么。

问题在于如何改造世界。

看了她这条朋友圈，我迟迟不敢在下面留言。我以前老教学生们，要有人文关怀，要有社会担当，要有悲悯心……现在想，他们是被我害了的，他们比同龄人无奈，比同龄人痛苦，也许将来还会比同龄人绝望。

我说出社会担当、人文关怀的时候，何其容易，何其轻描淡写！可是面对这溃烂的现实，我们如何去爱它，如何爱得“眼里常含泪水”？

我在年年兄的朋友圈里留过一句悲伤的话：“为什么我的眼里常含泪水？因为我对这土地恨得深沉。”可是，我是一名老师，我不能让学生们“对这土地恨得深沉”。

“你们要进窄门。因为引到灭亡，那门是宽的，路是大的，进去的人也多；引到永生，那门是窄的，路是小的，找着的人也少。”（《圣经：新约马太福音》）这个时代，并不犒劳那些爱得深沉的人，并不奖励那些清醒思考的孤独灵魂，并不犒赏那些为正义奋笔疾书的人。但是，我想努力，和我真切的朋友，和我灵魂共鸣的学生，一起努力，努力通过这命运和现实合谋的窄门！

“天冷，是为了告诉大家，身边的人的温暖有多重要”，这句台词出自韩国电影《熔炉》，“红黄蓝幼儿园”事件后一夜之间，它已经看不到了。

在朋友圈里看到学生为“红黄蓝”事件悲伤时，我只想给他们每人一个拥抱，把一个人的温暖转移到另一个人的身上！

【埃及诗人卡瓦菲斯写过一首诗】

城市

【埃及】卡瓦菲斯，黄灿然　译

你说：“我要去另一个国家，另一片海岸，
找另一个比这里好的城市。
无论我做什么，结果总是事与愿违。
而我的心灵被埋没，好像一件死去的东西。

我枯竭的思想还能在这个地方维持多久？
无论我往哪里转，无论我往哪里瞧，
我看到的都是我生命的黑色废墟，
在这里，我虚度了很多年时光，很多年完全被我毁掉了。”

你不会找到一个新的国家，不会找到另一片海岸。
这个城市会永远跟踪你。
你会走向同样的街道，
衰老在同样的住宅区，白发苍苍在这些同样的屋子里。
你会永远结束在这个城市。
不要对别的事物抱什么希望：
那里没有载你的船，那里也没有你的路。
既然你已经在这里，在这个小小的角落浪费了你的生命。
你也就已经在世界上的任何一个地方毁掉了它。

感动我的，是爱和痛！

——《无问西东》观后感

《无问西东》是部不错的影片，虽然它没有《老炮儿》好，也远不如《一代宗师》。这部影片给我一种过山车似的观影体验：在前十五分钟，张震出演的新世纪情节单元中，那急促凌乱的节奏、生硬粗糙的台词、支离破碎的情节，几乎让我断定，这又是一部烂片。而在后半段黄晓明章子怡出演的“文革”前单元、王力宏出演的抗战情节单元，则让我多次泫然。

其实，如果从电影的镜头语言、台词、节奏等技术角度来说，《无问西东》还大有可斟酌处。比如，直接用人物来说教，而不是用故事来叙事或用镜头语言来不言自明，让人觉得未免太着痕迹，但我依然对它的执着有所感喟，它所欲言说的东西以及它不同于大众商业片的某种情怀，值得我写下一篇文字。

四种青春，不变的勇敢和真实

之前我并不知道《无问西东》完成于2012年，尘封六年之后才上映。所以看电影的时候颇为惊讶：怎么章子怡、王力宏、张震、黄晓明……看起来那么年轻？！根本不是化妆和打光的艺术，而是自带的嫩——初谙世事，朝气蓬勃，眼中有光。

片名“无问西东”出自清华校歌——“器识为先，文艺其从；立德立言，无问西东。”本来是清华大学建校百年的献礼片，于是刻画了四个时代六个风华正茂的年轻人（其中四个是清华学生……），他们在各自时空遭遇的迷茫和磨砺，他们于彼时选择的信仰与担当。因为立意很高，所以影片倒真的展现了一些超越小情小爱的时代情怀，甚至于不经意处，有猝然袭来的感动和让人心底一沉的片段，令人泪目并自省：我曾经的热血、纯真与理想呢？

20世纪20年代的清华园，梁启超做先导演讲，徐志摩任现场翻译，一众当世大师，满堂清华学子，静静聆听诗哲泰戈尔真挚的讲演：我竭诚恳求你们不要走错路，不要惶惑，不要忘记你们的天职，不要理会那恶俗力量的引诱……

20世纪30年代的西南联大，窗外大雨瓢泼，老教授在漏雨的教室中坚持授课，他一遍遍提高的音量始终被嘈杂的雨声吞没，面对茫然无措的学生们，他干脆在黑板上写下“静心聽雨”四个字，然后从容落座，任凭大雨打湿长衫，讲台上下，一片沉静，大雨也因此失了喧哗……

20世纪60年代的新中国，在校园里奋力奔跑的年轻情侣，飞扬的裙角，飞扬的爱情；悲剧时代的悲剧命运，有人死去有人重生；在茫茫戈壁艰苦研制“两弹一星”的时势背景下，漫天风沙中一个女人带着她深沉的爱，蹒跚而来：死亡来临前，我一定要找到你……

21世纪的钢筋丛林中，人们步步提防、处处小心，对物质的狂热追求、对人情的漠视与怀疑，让生命的意义变得冰凉。年轻人晃着喝得快要见底的红酒瓶，不无讽刺地说：现代人的感情，就这么多了……

四个时空的故事被打乱，又错位地接续在一起，跨越近百年的时光，理想和信仰在青春中渐渐变了模样。20世纪二三十年代的多元包容里，看得到乱世悲鸣和家国热血；20世纪60年代的单纯封闭中，是压抑的情感和满目的百废待兴；而今当下，却是另一种精神的萧索，盛世中许多青春陷入迷茫。

从杀青到最终定档,《无问西东》尘匿了六年，电影里激昂澎湃的青春岁月，也因此姗姗来迟。

六年的时间，五位主演章子怡、张震、王力宏、黄晓明与陈楚生（还有一闪而过的“奶茶妹妹”），都经历了结婚生子，人生由此踏上另一个“落地生根”的阶段。而留在电影里的，却是未曾按下“选择”键之前的他们。电影开篇有句提问：如果提前了解了你们要面对的人生，不知你们是否还会有勇气前来？

时间教会人们成长，褪去青涩和张扬，换上从容与淡定。但令你能不断从谷底走到峰回路转甚至跃然登顶的，始终是不问来路、全然向前的勇敢。

你想成为怎样的人，你执着于成就怎样的事业，以什么方式度过怎样的人生，这一连串问题的答案，依赖于青春所有的热情，也依赖于一生中必须坚持的真实。

电影里，时任清华校长的梅贻琦说：什么是真实？你看到什么，听到什么，做什么，和谁在一起，如果有一种从心灵深处满溢出来的，不懊悔也不羞耻的，平和与喜悦，那就是真实。

这是一种笃定又柔软的信仰，知易行难。

即使失去了曾经的勇敢，你依然可以拥抱你余生的真实。

永远心怀青春之火，不惧不畏，不灭不熄，只问深情，无问西东。

感动我的，是对人的珍重、同情和爱

最让人动容、落泪的，是电影里表现的对人的珍重、对人的同情、对人的爱！让剧中人做出选择的不是一些高尚空洞的大词，而是实实在在的人！

譬如第三个时间段（1962—1965 年）的故事，讲一个清华学生陈鹏（黄晓明 饰）爱上了他的初中同学王敏佳（章子怡饰）。领导说，现在有个光荣的任务，去第九研究所（造原子弹），学校优先推荐你。陈鹏想都不想就说不去，因为他有人要照顾。领导很奇怪，看档案他是一个孤儿，在领导的脑子里，所谓照顾一定是家里有老人，一个孤儿照顾谁呢？我甚至脑子里冒出来，是不是有个养母啥的，因为这种比较符合咱们一贯的道德判断。结果，他就是要照顾貌美如花的王敏佳，他就是要陪她，就是要跟她在一起！

那个时候有多少人在拼命请示为国奉献，当这样一份安排摆在眼前的时候，别说拒绝，绝大部分人都要挺直腰板一脸激动地说，“谢谢组织信任！”但是他想都不想，就是不去。

后来他还是申请去九所做核弹研究了，因为误解王敏佳喜欢李想。当爱情在的时候，他哪儿也不去。当爱情不在了，天涯海角，去哪里都行。

后来王敏佳被批斗，差点被活活打死，命是保住了，脸却毁了。他又拼命保护她，天涯海角把她藏起来，藏到最深最偏远的地方。因为他的工作是绝密的，不能写信，所以他给王敏佳寄雪花膏，一次又一次地寄。当王敏佳收到包裹的时候，我眼泪奔涌，是的，这个桥段不新颖，太煽情，被人用过太多次。但是它那么强烈地让我感受到，在如此辽阔的土地上，从东到西，从南到北，无数的高山与河流，无数的斗争与奉献，所有这一切加起来，都不如你珍贵！这一种珍贵，是两个相爱的人之间无声的秘密，是在苦难中活下去的力量和勇气。

决定灵魂高贵的，是正义，无畏和同情

更好的故事是沈光耀（王力宏饰）的故事。

年轻人投笔从戎，为国为民慷慨赴死。一眼看去这种故事就是直奔主题的

八股文章。他一出场我就知道他要死，我也知道他一定干了一票大的然后壮烈牺牲了，简直是“捐躯赴国难”的不二桥段。在俗套的故事中，这种人物都可以在背后刺上“精忠报国”几个字。但是，故事表现出来的人格远远高于这种说教，我看到的不是俗套的报效祖国，而是贵族精神，一个真正的贵族青年，他优雅，聪慧，富有正义感和同情心，当危难来临的时候他挺身而出，为保护弱者牺牲自己。

沈光耀是世家子弟，祖上三代五将，可谓世代簪缨之家。

他衣食无忧，养尊处优。面容俊朗，身材颀长，会开车、会武术，写得一手好字，成绩也是全 A。

影片中，他是正角男神，还有一对为了衬托他而存在的配角小屌丝。小屌丝跟他一认识，就异口同声地说：你看起来像是什么都能做好。

不过，富家子弟，天之骄子，不一定是纨绔，也可以心忧天下，粪土荣利。

但是，他第一次想要以天下人之心为心、投笔从戎时，迎来的是母亲的阻拦。

这阻拦不是大哭大闹，或者以孝道压人，相反，非常别出心裁而得体。

母亲说得非常好，“我反对你当兵，不是因为你是家里的独生子，我不是为家族传宗接代而反对你，我害怕你不知道自己在做什么，我害怕你还没有成为丈夫、没有成为父亲，还没有来得及感受生活带给你的快乐就丢掉了性命”。于是沈光耀发誓，妈妈放心，我一定不当兵了！

这一次，沈光耀看到她的泪、她的痛心和爱，迅速屈服了。

本已放弃了救国理想的沈光耀，在一次跑空袭警报前，把装着桂圆莲子枸杞粥的搪瓷缸放在开水房的火上，等着警报过去回来吃。

可是炮弹落在学生们身上、落在了开水房里。开水房里，没有煮好的粥，只有炮火燃尽后的残骸。

不仅华北平原容不下一张课桌，动乱的时代里也容不下一杯桂圆莲子枸杞粥。

当然，桂圆莲子枸杞粥只是电影中的一个象征物。

最直接促发他参加飞虎队的，是一个孩子被炸死了，那个孩子本来一直跟着他们后面跑来跑去的，跟他一起抓蛇，一起玩得好开心。他看见那位母亲抱着死去的孩子，那一幕让他无法平静。这也是一个妈妈和一个孩子，他为了对妈妈的誓言而活着，但别的孩子在死去，别的妈妈在心碎。于是他毫不犹豫去当飞行员了。

沈光耀还是从了军，他珍藏在抽屉里的母亲远道带来的枸杞，不再放在莲子粥里，而是包在布包里，开着飞机扔给等待救济的孤儿们。

在沈光耀身上，他当兵的理由，是为了保护孩子，保护弱者。不是把自己献给高于他的大词，而是要站出来保护比他更弱小的人。当了飞行员以后也是这样，他冒着危险给流浪的孩子扔糖和罐头，被教练惩罚也不认为自己做错了。

贵族精神是什么呢？沈光耀说得非常好，是正义、是无畏、是同情！面对在战争中挨饿的孩子、死去的孩子，你有没有同情心？你能不能感受到他们的苦难？你能不能站出来保护他们？你能不能为他们去战斗？对沈光耀来说，保卫孩子、保卫弱者是投笔从戎的理由。所以当他站出来的时候，我看到了一个真正的贵族！

爱和痛，都是不能忘记的啊

齐邦媛先生写过一本回忆录——《巨流河》，书里有一个和沈光耀有些相似的人物。

他叫张大飞，不是富家子弟，但同样投笔从戎，当了飞行员，最后为国捐躯。

齐邦媛和他是相爱的。但是这爱情，二人从未宣之于口。隔几月一见，隔几周一封信，一起在操场上散散步，连手都没有牵，但齐邦媛记了一辈子。

张大飞的遗书里面说：

我怎么会终于说我爱她呢？这些年中，我一直告诉自己，只能是兄妹之情，否则，我死了会害她，我活着也是害她。

这些年来我们走着多么不同的道路，我这些年只会升空作战，全神贯注天上地下的生死存亡；而她每日在诗书之间，正朝向我祝福的光明之路走去。以我这必死之身，怎能对她说“我爱你”呢？

《巨流河》里，写认识张大飞，到两人暗生情愫，再到张大飞为国捐躯，浓墨重彩，巨细无遗。而写到与丈夫认识到结婚，只是几百字的平铺直叙就了了。

爱和痛，都是不能忘记的啊。

雪中梦未醒

——一个逝去的世界

一

昨夜给母亲打电话，千里之外的乡音隔着手机听筒传来——“家里落雪了。”

我对雪充满了记忆。童年时，故乡每年都会寂静下来，迎接一场自己的雪。

自从我离开故乡，求学异地，雪就见得少了。或者，见到的已经不是我想见的雪。也许我记忆中的雪太顽固了，拒绝一切新的元素进来。其实，何止是雪，各种事物最美好的光泽都停留在了过去。这似乎是一种疾病，它在我身上发作了。以至于我每年冬天回一趟故乡，似乎是为了找回丢失在故乡的往事和旧物，去挽救逐渐毁灭的记忆。

时间涂抹着世界，事物以及人们逐渐面目全非。记忆中的节日、亲人、田埂、树木、桥梁似乎都不在了——雪，一年比一年小，以至于快要绝迹。小时候，母亲为我描述过故乡的黄牛、竹叶青、一肘长的鲫鱼、翠鸟、青蛇、大鳌河蟹、啄木鸟已经一去不复返。

我绝不是怀旧主义者。我是在悼念一个世界的逝去。

童年时故乡的雪，浩瀚的白雪，在我内心沉淀为一种理解世界的方式。我的记忆深处总有一片漫无边际、宁静肃穆的雪铺展着。我不断回去。在文字里，在梦境中。它让我静下来、慢下来。

二

我的童年永远留在了20世纪80年代末至90年代初。我时常庆幸出生在那样一个年代。一种旧的生活尚未逝去，一种新的生活刚刚到来。而在家乡那个偏僻的小村子，一切进行得更慢。

有一些事物，我是亲身经历过的。现在故乡的孩子们大概没有机会了。

一望无际的金黄的油菜花，蜜蜂嗡嗡乱飞，泥墙上满是蜜蜂洞；孩子们在尚未被春水浸软的水田里奔跑，手里攥着风筝；或者提着篮子到菜花地中间剪一种叫棉絮头的草，用来做清明节的芽麦圆子；到浩瀚的对孩子来说犹如森林的桑树地里摘桑葚，吃得满嘴紫红色；看从水上远道而来的捕鱼者，把巨大的网伸向水草底下，敲打水草，然后抽出来——一堆活跃的鱼：鲫鱼、鲳鱼、黄辣丁（黄颡鱼）、鲇鱼、螃蟹；或者，放学后扔下书包去钓龙虾，只需在绳子上拴一条蚯蚓，龙虾就疯狂地上钩；端午节，家家户户飘来粽子的香味；阴历七月三十，地藏王菩萨生日，老人们在自家门前把冬青树叶架在一捆桑树枝上，烧香念佛，孩子们则拿了大把的地藏香，把家门前凡有泥土的地方插遍，让谷场变作星空，第二天还要比赛晨起，去收集粉红色的地藏香棍——这是孩子的宝贝，一种挑签游戏的工具；过年前几天，村里要打年糕，灶火的地点每年轮一户人家，我们就在旁边看住灶火，急切地等着大人们用一根细小的棉线切割年糕，吃多出来的年糕头；大年三十，到各家观看形态各异的烟花，然后在谷场上做游戏；雪会如期降临。一夜大雪加上一夜北风，让泥泞的路冻结起来，便于行走——大家都步行去做客。

这一切都没有了。如今的小孩放学回家是好几个小时的稀奇古怪的家庭作业。桑树地几乎全被平整，剩下了小桑苗，一目了然。芽麦圆子没人做了。大都市涌进来的超市覆盖了新市镇，超市里什么都是现成的，况且已经没有几个年轻媳妇会做麦芽饼、包粽子了，渐渐地大家会忘却这些手艺。孩子们不知道风筝的做法。油菜地只剩下零星的小块。当时的大人快成老人了，现在的大人忙碌地来回在去乡镇企业的路上，骑着速度极快的摩托车，交通事故逐渐增多。每次回家，我总是看见埋没在草丛中的那只打年糕的石臼，青苔早已爬上它的身体。过年，已经没有人串门了——都围在电视机前看春晚，消磨一个长长的夜晚。

雪已很少下了。我说“了”的时候，又一次感觉到了这些事物的逝去。

三

我目睹过真正的大雪。我从小就喜欢看雪。下雪是一年中非常奇异的时刻。在老房子的屋檐下，我仰望下雪的天空。雪是晶莹的，像珍珠。一般是从晚上下起，到第二天清晨就覆盖住了整个世界。母亲一大早就起床做早饭，在我的睡梦中喊一句：“落雪了，快来看。”家乡的方言里依然保持着某些古汉语词汇，比如把“下”说成“落”。此时，我突然感觉到被窝口多出一股清凉的冷——雪的感觉。往窗口望去，外面银装素裹，零星的雪继续飘着。

家里的房子到我十五岁的时候终于被拆除，变成了时下流行的长方形楼房，优美的倾斜屋顶被水泥平顶替代了。我时刻惦念着老房子，典型的南方水乡白墙青瓦的房子。二楼的窗户下是一楼的屋檐——青瓦的屋檐。我时常在这个窗子眺望远处的湖泊、村庄、桑树林，或者俯视谷场上走来走去的乡亲，他们赤着脚，或者挑谷子，或者扛锄头，或者背箩筐，或者洗菜，或者淘米——见面时空气里飘荡着柔软的方言。

我就从这扇无漆松木窗棂的窗子望见了雪——几块玻璃已经残缺，风漏进来。每年一次。雪安静地躺在窗口，十分懒散。我会坐在窗口的桌子上——桌子这半边是我的写字台，那半边是母亲的缝补台兼茶几——推开窗，更大更冷的风袭面而来。这时，摸摸自己的脸已经有些轻微的皲裂。母亲会让我抹雪花膏，“雪花膏”对我来说是一个轻盈而柔美的词。而雪花膏的白就如我眼前这片连夜而降的雪的白。词和事物之间那么密切、亲近。我喜欢雪花膏这样的词。家乡还有一种养蚕用的桃花纸，名字同样悦耳。

我开启北面的门。一扇竹子编排的透光的门，上面蒙了一张尼龙纸，依然很透光。风可以从周围轻松地钻进来。这扇竹门让我通向另一个世界。竹门外是一个属于我的平台（原始的建筑意义上的，方言里就这么叫）。雪在这里积得更厚。我抓起一把，揉成团，融化的水从指间滴落，然后掷向北方。雪从北方来，和冬天的风一样。我在学校里学到的知识告诉我，雪是北方的事物，跟随北风一起来到南方。北方是一个叫“西伯利亚”的地方。

“西伯利亚”——在中央台《新闻联播》之后的天气预报里，总是遇到这个词。我并不太清楚它到底在哪里。可是它很早就住在我的头脑里了。当时，北方对我来说完全是虚构物。但是，我读到了《日瓦戈医生》，一个发生在西伯利亚雪地里的寒冷的故事。这本书里，有我喜欢的幻象——写诗的尤里、深情的女人娜娜、最北的北方西伯利亚瓦雷金诺村、寂静的雪、雪的平原和雪里的苦难。我不止一次幻想坐火车到瓦雷金诺，去看雪。我顺着被称为第二欧亚大陆桥的连云港—鹿特丹铁路线（这种连接本身就很有意思）寻找这个村子。瓦雷金诺躲起来了。它太渺小了。只适合在幻想里待着。这注定只是一场虚幻的旅行。瓦雷金诺只存在于小说里，与时间一起。

四

然后，我就要去故乡的雪地里旅行了。去寻找传说中的野兔和黄鼠狼。母亲早就取出藏了一年的棉衣。把我塞到厚厚的棉衣里，让我变得异常笨拙。听母亲说，她小时候经常遇见野兔。雪地里，动物的脚印很多。鸡、老鼠、鸭子、羊。还有人的脚印。兔子的脚印很特别，梅花形的。但我从没有捕到过野兔。通常顺着一串梅花形的脚印一直走，雪地咯吱作响，最后，脚印要么无缘无故地消失——兔子会飞吗？要么，进入一个深邃的洞穴，兔子的窟——我不敢探手进去。只看到身后空留着自己的脚印。

有一年，雪大得惊人。小时候的雪一般能没到膝盖——大人的膝盖。这一年的雪，在墙边堆积到几乎淹没我整个人。从富池回来休假的父亲担心厚雪一旦融化，漏雨的平台下会一片汪洋，我们连忙铲雪。我把温度计放在了屋外。零下七摄氏度。这在没有什么大型取暖设备的南方已是很冷的温度了。父子俩热火朝天铲雪的场面像是电视里的某个落雪的北方农村。

20世纪90年代初，我七八岁的时候，全国正在热播孟飞版的《雪山飞狐》。那时候的电视剧比现在的要认真得多，好看得多，尽管技术落后。电视里的雪山肃穆得令人神往。那首歌一直在我的回忆里飘荡：

“寒风萧萧
飞雪飘零
长路漫漫
踏歌而行
回首 望星辰
往事 如烟云
犹记别离时
徒留雪中情……”

五

我第一次领略到雪的沉寂，是在故乡。这一年冬天，我上一年级，虚岁八岁。这一天照旧要上学。小学的校舍还不是现在的四层现代建筑，而是古朴的庙宇式的单层房屋。教室里抬头可以看到房梁、椽子、瓦片以及绕梁的蛛网。年久失修。外面大雪，犹如鹅毛，屋内则是小雪，犹如杨花乱飞。

那一天，父亲回富池镇的矿里上班去了，母亲去外婆家探亲，叮嘱我到大伯母家吃饭睡觉。小时候，我很不愿意在外面过夜。走在放学回家的路上，看漫天碎琼乱玉，心里顿时一阵绝望，增加了雪造成的寒冷。我感觉被这世界抛弃了。大伯母家虽然对我很好，我却颇有寄人篱下的感觉，很不自在。我坐在大伯母家的八仙桌旁，望见了窗外的雪，夜幕降临，雪更加沉寂。我感觉到人的脆弱和孤独。

这种脆弱和孤独的感觉对我起了作用。它从反方向上增加了我对事物的热爱和敏感。我转向无声的事物。我把热情全部给予了这些沉默而亲切的东西。我喜欢后山竹林、桑树地、荷花池、田埂、村庄、星辰，那些不会说话的事物，在它们面前我可以不用语言交流。我没有写过故乡的人，尽管我那么想写。我见过他们扛着农具的背影，但也只是一直在老家二楼的破窗子口，俯瞰他们的生活，却没有深入与他们交谈过。

后来我喜欢阅读。因为阅读时，可以不用说话，意义的声音不会咄咄逼人。我有时候写作。混乱的词语可以在减速的写作中得到延迟的安排和纠正。而小时候与那些沉默的事物长久地相处，慢慢生效了。

每年下雪，我总会按照母亲的嘱咐，用吃完水果罐头后的玻璃瓶子塞满一瓶雪。然后密封，放在水缸旁的阴凉处。等到来年夏天，涂抹在痱子上，痱子就会被烧死。“烧”，这是母亲使用的独特词汇。母亲词汇丰富，语流迅速，而且总是冒出一些外祖母家特有词汇，在长乐河边上盛开。

有记忆以来，我似乎都很讨厌夏天，讨厌夏天的炎热潮湿。正是这每年一瓶过冬的雪水（以及厢屋内的幽暗），让我一想起童年的夏天时，内心总会涌出一丝清凉。就像现在我浮躁的时候，总会想起记忆里的那场大雪。它永远地降落在故乡。不会死去。即使一个旧的世界死去了，那片阴凉依然匍匐在我心头。让我冷却下来，并且幸福。

想起这些，雪再一次降临了，落在故乡。它散发着寂静。

2018 年 1 月　樊梅庵

文学有什么用

最近在思考一个老问题，文学有什么用？或者更精确地说，诗歌有什么用？如果这是一个简单的问题，那么一两千年以前就应该有答案了。人类的智商是开了挂的急速前行，连引力波都能发现，这种问题还是个问题吗？但这一问题直到今天还是反复地被人问起，很多人倾向于回答，这是一种“无用之用”，或者“无用而大用”，这种说法很符合咱们这个优秀民族的思维，玄而又玄，云里雾里，高深莫测。今天咱们看一下布罗茨基对这一问题的回答，他说：“诗歌作为语言的最高形式，它就是我们整个物种的目标。”这样说话真是太酷了，不要问有用没用这种低级问题，太有用了！没有诗歌，咱们人类这个物种简直没有存在的必要了。

为什么布罗茨基要说这样决绝的话？这是一种夸张的文学修辞吗？不是的，他在说一个最基本的事实。人何以区别于动物？何以区别于石头？何以区别于机器？因为我们有语言，我们通过语言建立艺术的、诗意的家园。真正意义上的人，只有在这一审美的层面才得以显现。

换一个说法，人类这个物种如果没有绵延不断的文学（诗歌），必将堕落为机器、动物、石头，不会再有表情独特的脸庞，不会再有向前努力的渴望，相反，会变成无知无觉的工具，千篇一律地重复着莫名其妙的劳作。如果对这样的命运下一个定义的话，那就是奴隶。所以，文学有用吗？如果你是一个人，它对你必定有用，你需要它就像需要空气、需要水一样自然，如果你只是一个社会动物，如果你只是蜜蜂、蚂蚁或者螺丝钉，并且为变成如此低端的物种而自豪，那它当然是没用的了。

文学有如此巨大的用处，并不意味着它能带给我们快乐和幸福，很多时候可能不幸更多一点。因为当我们进入语言迷宫的时候，意味着跟整个世界暂时告别，独自一人，进入另一个场景、另一种渴望，这个过程必定是孤独的，甚至是厌世的。布罗茨基说，这世界上有许多东西可以共享，面包、床铺，甚至恋人，但是一首诗却是无法共享的。这不是说白纸黑字不能共享，而是，一首诗在我心里引起的涟漪与在你心里的涟漪绝不相同，哪怕再亲密的两个人，也无法做到在一首诗面前同频共振。

当语言织就的秘境向每一个人展开的时候，它是各个不同的。这只能是读者与作者一对一的交谈，是“最真诚的、剔除了任何杂念的交谈”，“是两个厌世者之间的交谈”。甚至比交谈更孤单：作者写这一首诗的时候，读者不在场，而当读者在这一首诗中时，作者又不在了。这是一种是似而非的交谈，是一种沉醉其中而不能满足的渴望，所以说到底，阅读是一种彻底孤独的体验。

那么，我们为什么要体验这种孤独呢？既然这不一定是幸福，为什么我们还要去追寻呢？布罗茨基认为，很多时候，孤独就是意义本身，也就是说，只有当你体验到这种孤独的时候，你才是有意义的，因为你避免了“同义反复”。什么叫“同义反复”？我冒昧解释一下，当你跟另一个人的思想感受完全雷同的时候，你就是他的“同义反复”，当整个社会的人都彼此复制，彼此相似，那么这一种“同义反复”就会达到它的最大值。成为大众灵魂的“同义词”不是一种光荣，而是一种羞耻，那意味着你失去了自己独特的价值，被全社会的“公分母”吞噬了。

布罗茨基说，整个社会那些重复的雷同的灵魂，就是你存在的公分母，当公分母越大的时候，数值就越小，你存在的价值就越小，个体会被千篇一律的群体所吞噬。那怎么办呢？我们首先应该“逃离公分母”，逃离千篇一律的面目，逃离那一种让人厌恶的乏味的磁场。要走到重复之外，走到必然之外，要挣扎出来，去当那一个小小的分子。这个比喻的意思是说，离开大多数，尽可能去做那个独特的自己。只有当我们成为分子的时候，才有真正的价值，才能让这个分数有哪怕一丁点儿的数值。否则如果成为公分母中的一员，那非但没有自己的价值，还会稀释别人的价值，甚至会不自觉地参与到对分子的迫害中。如果所有的人都站到公分母的方阵中，那么很显然，当分子为零的时候，分式数值就为零。这样的人类、变成机器螺丝钉的人类、变成社会动物的人类还有什么价值？所以布老师说，文学不应该用人民的语言说话（分子不应该用分母的语言说话），相反，人民应该用文学的语言说话。

所以，一个心智健全的人非但不应该逃避孤独，反而应该迎向孤独，用阅读、用语言、用文学和诗歌不断地拉开和他人的差距，做自己的“分子”。在一个公分母庞大的国家，你永远“小于一”，你永远会被无数没有表情的人稀释到几乎不可见，这是你的宿命，但即便这样，也要牢牢地站在分割线以上，因为那是尊严的分割线，是价值的分割线。

如果有可能，不仅要阅读，还要写下来，因为语言是可以通向未来的。布罗茨基说，如果没有文学的传递，人类这个物种是不会有未来的，只会不断地重复现在，甚至倒退回更蛮荒的过去。语言不是诗人的工具，相反，诗人是语言的工具，是语言通过诗人在向未来说话，向未来那些分子说话，继续成为他们的滋养，成为他们逃离“公分母”的力量的源泉。在这个过程中，文学延续着人类的价值和尊严，文学成为拯救者，不是拯救全人类——全人类还是拉倒吧——而是去拯救那一个一个孤单的分子，去完成和他们之间的一一对话。

写到这里，我心怀感激，如果不是那些伟大的书籍穿过时间向我展示人类最好的样子，我可能永远会在公分母中沉沦而不自知，我可能终身都是一头岁月静好的猪，我今天能够知道自己卑微的价值，是因为我曾无数次孤独地走进语言的密林，去认识、去了解我们这个物种的光荣的祖先。我并未因此而获得多少幸福，但如果让我倒退回去，我死也不干。

愿“实验”在你们身上蔓延

——在北师大实验中学2020届“云毕业典礼”上的讲话

亲爱的同学们，各位老师，各位家长：

大家好！

京城七月，云影滃荡，荷花飘香。这是收获季，亦是启程时。

由于疫情影响，今天，我们只能以一场特殊的毕业典礼——“云典礼”共同见证2020届同学们的毕业时刻。苏东坡说“千里共婵娟”，现在，我们和很多同学是“千里共云端”。

“艰难困苦，玉汝于成。”或许这个特殊的庚子年，这种特殊的人生际遇，这场特殊的云典礼，能够给大家以特别的记忆与特别的收获。

同学们，在过去的半年里，你们经受了疫情的严峻考验，顺利完成了学业。在这里，我代表学校，向经受考验、顺利毕业的同学们表示最热烈的祝贺！向关心帮助你们的亲友和悉心教导你们的老师表示最衷心的感谢！

始于一张录取通知书，系于一份毕业证书，这中间是同学们的实验时光，是百年实验薪火传承与实验学子青春成长的互动交融，也是同学们与时代同行、与实验同路，砥砺青春、奋楫勇进的成长历程。

初三的同学们，过去三年，你们给实验带来了生机和欢乐。你们在信毅楼的音乐教室里放声歌唱，在二龙路图书馆里负暄读诗，在北校区的操场上挥汗如雨……此刻的你们，可能正忐忑地等候着中考成绩；获晓成绩后，你们或继续在实验读书，或去他校求学。如是前者，我们再续师生之缘；如是后者，也没有关系，泰戈尔曾说："无论黄昏把树的影子拉得多长，它总是和根连在一起。"无论这次离别让你们走得多远，实验的老师永远和你们心连心！

高考部毕业班的同学们，过去三年，实验镌刻了你们的时光。你们在"聚一堂兮共明月"中秋雅集上吟诗诵赋，在滇西、广东、敦煌的土地上追寻民族文化精魄，在治学楼、实验楼、勤肃楼里追求真理、求善问道……你们昨天刚获知了自己的高考成绩，想必是"几家欢乐几家愁"。然而，无论分数高低，我都相信你们是实验英才。《世说新语》有言："蒲柳之姿，望秋而落；松柏之质，经霜弥茂。"经历过新冠疫情的风霜凌虐，你们已然具备"松柏之质"！

国际部毕业班的同学们，过去三年，实验见证了你们的风采。你们在"浮生若戏"的舞台上光芒四射，在逸夫楼里切磋学问，在东小园的泡桐花下讨论文书……新冠疫情之下，世界形势更加严峻，面对"百年未有之大变局"，你们更需要践行"互学互鉴"的新文明观，树立中国情怀，拓展世界视野。希望你们学会尊重文化的差异性，学会与拥有不同文化背景的人交流合作，学会从不同的文化中汲取营养，心怀人类福祉，不断拓展自己的人生格局。

百年实验，我们怎么标榜都是过去，而学校的未来，全部体现在各位同学身上。你们就是百年实验在新时代的成果，你们走到哪里，百年实验的历史和文化就到哪里，它的精神和力量就到哪里。

骊歌唱响，离别在即，我想借这样的机会，将几句话装入同学们的毕业行囊。

第一句话是英国哲学家罗素所说的："对爱情的渴望，对知识的追求，对人类苦难不可遏制的同情，是支配我一生的单纯而强烈的三种感情。"

前两种感情我暂且不谈。我希望，你们能把"对人类苦难不可遏制的同情"装入行囊。实验的大多数学子，家境殷实，从小到大就读于名校，很容易形成一种优越感。但我们所生活的这片土地，不仅有北京上海的"宝马雕车香满路"，还有"数不尽的密密的村庄，鸡鸣和狗吠"；不仅有衣着光鲜靓丽的都市白领，还有"月收入不满一千"的六亿百姓；不仅有城市青少年握在手中的苹果手机，还有留守儿童眼中的泪水和心底的阴霾……这片大地上，无言的痛苦实在是太多了，希望同学们"眼光向下"，关注他人的苦难，像罗素一样，把"对人类苦难不可遏制的同情"作为支撑自己生活的动力之一。

著名诗人北岛编过一本《给孩子的诗》，我家孩子恰好有一本，那天无意间听他读到这样一首诗，很是感动，把其中几句分享给大家：

当你回家，回你自己的家时，想想别人，
别忘了那些住在帐篷里的人。
当你入睡点数星辰的时候想想别人，
还有人没有地方睡觉。
当你用隐喻释放自己的时候想想别人，
那些丧失说话权利的人。
当你想到那些遥远的人们，
想想你自己，然后说：
"我希望自己是黑暗中的蜡烛。"

这首诗的题目是《想想别人》，作者我已经不记得了，但"想想别人"这四个字，深深印在我的脑海里。希望同学们不论在怎样的生命境遇之下，都能想想别人，永葆现实关怀。

第二句话是晚清名流、虎门销烟的民族英雄林则徐的两句诗：“苟利国家生死以，岂因祸福避趋之。”

千百年来，在浩瀚的中华民族仁人志士的榜单中，隐逸总是“清高”“名士”的代名词，隐士也成了君子的典范。陶渊明“采菊东篱下，悠然见南山”的雅怀，王维“行到水穷处，坐看云起时”的从容，固然值得我们羡慕。而“先天下之忧而忧，后天下之乐而乐”的范仲淹，“志士不忘在沟壑，勇士不忘丧其元”的李卓吾，“苟利国家生死以，岂因祸福避趋之”的林则徐等人，更让我们感念不已。这些人才真正是中华民族史上的真君子、真伟人！

习近平总书记指出：“一代人有一代人的长征，一代人有一代人的担当。”80多年前的昆明，西南联大师生坚持“刚毅坚卓”的精神，在十分艰苦的条件下“弦歌不辍”，勠力同心、共克时艰，以浩然正气，为国家守护学术的火种、文明的曙光。同学们，你们正处在砥砺奋进的新时代，生逢其时、重任在肩。希望你们勇于肩负起时代赋予的使命，砥砺成长、不改初心，矢志不渝为国家发展和人类文明进步贡献智慧和力量！

每年毕业的时候，老师和同学都有许多感慨和期许，今年的感慨和期许也是特别的，因为疫情还在流行，人类还在遭受不幸。我要特别强调的是，你们是在民族和人类百年不遇的大殇期间完成学业、举行毕业典礼的。作为学子，除了心情上的沉重和复杂，更要感到肩上担负的沉重。因此我对你们这一届最大的希望，就是将来的历史能够证明：你们是更具有责任感、使命感和奉献精神的一届。

第三句话出自《劝学》，是荀子说的：“古之学者为己，今之学者为人。”

“为己之学”是为提升自身的修养而学，学习的目的是为完善自身。而“为人之学”则是为了让别人知道我而学，学习的目的是装饰自己给别人看。今天许多人的学习，无论自觉不自觉，都属于“为人之学”，小而言之，出于虚荣心，想获得别人歆羡的目光，想获得他人的赞美；大而言之，出于私欲，或为聚敛财富成为他人眼中的成功人士，或为谋取高位让人鞍前马后地服侍。

国学大师陈寅恪曾在一首诗中写道：天赋迂儒“自圣狂”，读书不肯为人忙。陈寅恪先生一生治学不为名利，不为取悦他人，只为“表哲人之奇节，诉真宰之茫茫”。同学们，不管你们接下来是读高中，还是读大学，抑或将来步入社会，希望你们不要把分数、奖项、论文、职称作为学习的目标，而要用一生去追求真理，保持遗世独立的人格，做淡泊清明的自我。

世事喧嚣，社会缤纷，在这个斑斓的世界里，要坚持“为己之学”，就要坚守内心的价值观，懂得选择和拒绝。《红楼梦》中有言：“弱水三千，我只取一瓢饮”，人生美好的事物成千上万，但只有专注内心真正的热爱，才能理性地生存、诗意地栖居。“学者为己”，同学们要努力涵养内心的静气，保持一种平和进取的心态。陶渊明在诗中写道：“结庐在人境，而无车马喧。问君何能尔？心远地自偏。”不是诗人居住的地方真的没有车马声的喧扰，是因为诗人心中有静气，因而有净土。

同学们，“凡是过往，皆为序章”。毕业标志着一个学习阶段的完成，也意味着你们即将离开母校，登上新的人生舞台，步入更加广阔的世界。人生的道路不会永远是坦途，疫情不常有，困难却常在，相信我们身上所共有的实验烙印和实验精神，一定会帮助你们穿过“独上高楼，望尽天涯路”的痛苦和迷茫，跨越“衣带渐宽终不悔，为伊消得人憔悴”的坎坷和煎熬，实现“蓦然回首，那人却在，灯火阑珊处”的升华和欣然。

亲爱的同学们，请你们一定记住，无论将来飞得多高、走得多远，你们永远都是实验的孩子，二龙路 14 号永远都是你们精神的家园、心灵的港湾、情感的依托、加油的驿站。当你们累了、倦了，母校的怀抱永远为你们敞开。

云端送别，辞短情长，除了欢迎大家随时回来，也请你们把实验带走。我相信，实验不是一个固定的地点，是像空中白云一样流动的，像滚滚江水一样绵长的，像梅花一样“拂了一身还满”的，是会蔓延在你们生命里的。

山水一程，三生有幸，你们永远是最美丽的实验人！

2020 年 7 月 26 日

（注：本文是作者为校长拟写的北师大实验中学 2020 届毕业典礼发言稿）

向美而行，心怀大爱

——在北师大实验中学2023届高中毕业典礼上的讲话

亲爱的同学们，各位老师，各位家长：

大家好！

盛夏京城，热情似火，这是收获盛大的美好时节，2023届的同学们学业有成，即将开启新的人生旅程。

七月校园，草木葱郁，这是骊歌唱起的惜别时刻，互道珍重的话语款款说出，流连不舍的身影充盈校园。

此时此刻，请允许我代表学校，向各位同学和家长致以热烈的祝贺！向为同学们的成长付出辛勤汗水的老师和员工致以崇高的敬意和衷心的感谢！

三年前（或六年前），缘分像一阵风，引领你们，从北京的四面八方来到实验；今天，又一阵风将把你们带走，像播种一样，撒遍大江南北、异域他乡。

缘分既是因，也是果，就像此刻的你们，既是实验中学这个毕业季收获的果实，也是她播下的种子。无论将来在哪里生根发芽，开花结果，抑或长成参天大树，种子都会记得它的来处，记得它出发的起点。毫无疑问，这是一份善缘，需要我们彼此珍惜、护持。有朝一日，缘分的风，还会将你们带回出发的地点，届时，希望你们还记得今天的憧憬和梦想，记得你们此刻美好的初心。

临别之际，我谈几点想法，与诸位共勉。

在这个任性的网络时代，我希望你们始终保持清明的理性。众所周知，信息技术为知识的获取和传播创造出了前所未有的便利；网络技术也改变了人们的生活和社交方式，每个人都可以即时地与众多他者交换信息；这些无疑是人类文明史上的进步。但是，伴随而来的还有一些负面效应。在网络时代，信息的传播更加扁平化了，你在微信朋友圈中的一个不经意的转发，也许会像蝴蝶翅膀，在远方扇起一场飓风。更别说，鱼龙混杂的信息，侵占了人们的静心与沉思；窥视、猎奇的心理，借助网络被无限放大；肤浅的、偏激的抑或逢迎的观点，因没有了当面交锋而大行其道；中伤、诽谤他人甚至恶意攻击他人的行为，因缺少了监管而泛滥成灾……网络使这个世界变得更加任性了！

同学们，面对网络时代纷繁复杂的信息洪流，希望你们不要失去独立思考的习惯。以清明的理性，独立思考，不简单相信流行，不轻易崇拜权威；以清明的理性，守脑如玉，不妥协于世俗，不迷信于网络。秉承“独立之精神，自由之思想”，做网络时代的清醒者！

在未来的日子里，我希望你们能一直向美而行。也许真如沈从文所说：“美，常常让人感到忧伤。”但是，美也有助于拓宽胸襟，更新气象，构筑丰盈的精神世界。瀚海天山、长河落日，疏雨梧桐、危石清泉，大自然或雄伟或秀美的景色，带给人们或开阔或静谧的心境。明代地理学家徐霞客曾说：“大丈夫当朝碧海而暮苍梧。”艺术是自然和生活在艺术家心灵中的投射。王羲之的《兰亭集序》、凡·高的《星空》，婉约细腻的昆曲、高亢深宏的歌剧，艺术家留给人类的瑰宝，展现了深厚的人文底蕴和敏锐的生命直觉。贡布里希在《艺术的故事》中说："我们想欣赏那些作品，就必须具有一颗赤子之心，敏于捕捉每一个暗示，感受每一种内在的和谐。"

同学们，携赤子之心，向美而行，徜徉在自然和艺术的天地里，你们将超越自身利害的局限，挣脱有限生命的束缚，你们的人生也必将通向更高远的境界，抵达真正诗意的栖居地。

在以后的人生中，我希望你们能一直保有淑世情怀。受儒家思想影响，中国古代知识分子多有大济苍生的情怀，对于烽火战乱中颠沛流离的百姓，对于灾荒岁月里饥寒交迫的农人，他们怀有深切同情，"长太息以掩涕兮"，为之落泪，为之奋起。唐代大诗人杜甫在"安史之乱"中流离失所，晚年更是家徒四壁，可他想的依旧是何时可以获得广厦，大庇天下寒士。"为生民立命"是传统文人的理想，也应成为你们未来不可推卸的责任。疫情过后，社会逐渐复苏，但仍有许多人生计艰难，贫穷萧索依旧是乡村的代名词，空巢老人依旧是社会的阵痛，留守儿童仍在某个隐秘的角落……无言的痛苦太多了，难诉的创伤太深了。

同学们，你们是时代的幸运儿，长在北京，学在实验，家境殷实，又接受了优质的教育。巴菲特提出过"子宫红利"——生而富贵之人要为贫穷者而活。在某个意义上，你们可能也身处"北京红利"和"实验红利"之中，有责任为弱势者奔走呼号，有使命为社会进步奋斗不懈。优秀的实验人，不仅追求个体生命的愉悦和幸福，更应成为一个具有淑世情怀的人——对国家和民族怀有强烈的使命感，始终拥有一颗对人类和自然的大爱之心。

"明朝即长路，惜取此时心"。今天过后，知交零落，海角天涯，尽管如此，无论你们走向何处，身后都会有母校的牵挂。希望各位同学在未来的日子里不忘师生情谊，不忘勤肃信毅，更不忘对自己和母校的承诺：理性清明，向美而行，心怀大爱！

同学们，从今天起，你们就成为最年轻的实验校友。走出二龙路 14 号，奔赴山海，天涯漫漫。我希望你们记住，实验永远是你们温暖的家。欢迎你们常回家看看！

山水一程，三生有幸，你们永远是最美的实验人！

2023 年 7 月 8 日

（注：本文是作者为校长拟写的北师大实验中学2023届高中毕业典礼发言稿）

师道尊严，温情敬畏

——2017 年教师节致辞

尊敬的各位领导、各位老师：

大家下午好！

大约一周前，滕老师让我在教师节庆祝大会代表教师致辞。我很高兴有机会向各位老师致以节日的问候，也很高兴有机会向刚才获奖的老师表示热烈的祝贺。下面借此机会说说我个人对教师节的感想。

一、教师——添薪续火的文化守护人

1937 年日本全面发动侵华战争，整个华北放不下一张平静的书桌。北大、清华、南开被迫南迁，成立了国立西南联合大学；同时，北方许多中学也一路南迁，如东北中山中学、天津南开中学。兵荒马乱的年代，学校随时搬迁，学子颠沛流离，头上不时有日军飞机轰炸。烽火中的昆明、重庆，一座座简陋的校舍刚建好，就被炸弹摧毁了。但是，在那“九州遍洒黎元血”的烽火岁月，这些学校弦歌不辍，“箫吹弦诵在山城，情弥切”。

时间追溯到汉高祖五年（公元前 202 年），项羽兵败垓下，自刎乌江，楚地陆续平定，唯独项羽的封地鲁国迟迟不降。刘邦举兵围鲁，看到的却是这样一番景象：鲁国的儒生安之若素，依然在诵读诗书，照旧在讲习礼乐，弦歌之声不绝于耳。这让一向不读书的刘邦都深为叹服，不忍加兵。

时间再溯至春秋时期的鲁定公十四年（公元前 496 年），周游列国的孔子，被匡人误认作曾经对他们施暴的鲁国恶人阳货，遭到了匡人数天的围攻。当此危急存亡之秋，孔子弦歌不辍，并说出了一段气吞山河的名言：“文王既没，文不在兹乎？天之将丧斯文也，后死者不得与于斯文也。”（《论语・子罕》）

以上三个场景貌似毫无关联，其实贯穿了一个根本的命题——文化命脉、文化担当、文化传承。

战时师生在炮火声中依旧书声琅琅，古之儒生在兵临城下时仍然诵读诗书，孔子在穷途危难之际仍然弦歌不辍，是因为他们拥有高度的文化自觉，具备“当今之世，舍我其谁”的文化担当精神。

我眼中的西南联大，是真正有理想的大学；我眼中的南开中学，是真正有情怀的中学——它们是中国教育史上的神话，我眼中的西南联大教师，器宇轩昂，立于天地之间；我眼中的南开中学教师，神情清朗，“独立小桥风满袖”。

北大老校长蔡元培先生曾说过：“要看明日之社会，先看今日之校园。”我想，学校总要有学校的样子：校园应该保持清静、庄重的氛围，应该尽量隔绝社会上的喧嚣和纷扰，传承文化、赓续文脉。

教师也必须有教师的样子：读书、慎思、求真、悟道，滋兰树蕙，引领学生追求真理和正义，叮嘱学生兼顾大地和星空，培养具有独立意识的现代公民，塑造具有完整人格的“人”。

庄子说“薪尽火传”，教师就是为人类文化的代代相传添薪续火的守护人。

二、向所有选科老师致敬

教师节的正日子是本周日，今天校园里已弥漫着节日的气息。课堂上接受了孩子们的鞠躬礼，办公室里花香沁人，贺卡里俱是感恩的话语……但是，因学科而异，是否也有一些被学生们遗忘的角落呢？我上一届的某位学生曾写过一篇文章，我节选几段，读给大家听听，给那些失意的同人献礼。

我在新高三的九月第一次遇到了他，他们中的一员。如今的他已比两年前教授游泳时更老了些，可精神头仍是一样好。他带我们做有益健康的体育活动、让我们学会“快乐长跑”，令我们不再在一次次体质测试面前惊惧恐怖。渐渐入冬的寒冷日子里，他半灰的头发与薄夹袄一起融进澄澈的阳光，给予我们的不只是体质与毅力，还有他的爱。

可是我也渐渐发现，身边的同学并未像我一样感受到他的希冀，而是将他的包容、宽容当成了纵容。无论是活动课还是体育课，大家永远都是一副散漫的样子：漫不经心地在他演示动作时打闹、漫不经心地在他着急的声音中游荡、漫不经心地做出骄矜的姿态、漫不经心地无视他课前课后整理器材的辛苦……而最让我心痛的是，他在短暂的失落之后，给予我们的却是更温暖的微笑与接纳。

他们，是体育教师，是如今的学生常常遗忘却也谈之色变的人。在多数人眼中，“体育老师”象征着每节课二十圈的拉练、力量练习、第二天浑身的酸痛，甚至是对运动恐惧厌恶的根源。我认识的人提起体育中考都面无人色，说起最多的就是雾霾中的奔跑与带伤上场的无奈，以及体育老师对他们的“摧残”。似乎对我们来说，忘记他们的存在才能治好岁月的伤痛。

……

我不知道如何除去社会法则强加于他们的目标，也不知怎样修复人们心中已有的创伤，我只能尽力完成每次体育老师的训练，因为只有这样，我才能在这位年过半百的老人脸上看到被尊重、被理解的喜悦。但我相信，他，还有他们，总有一天能够摆脱诟病与责骂的枷锁。他们一定可以像其他在阳光下的教师一样，感受到赞美与爱的欢欣。

很明显，这位同学写的是赵宏老师。功利化教育下，许多非高考科目的老师总是为学生所漠视，得不到应有的尊重。在教师节，他们收到的礼物可能也很少。但是，在培养一名人格健全的人方面，在培养一名合格的现代公民上，他们的付出一点也不比必考科目的老师少，他们配得上所有人的掌声！

三、青年教师的两点愿望

各位老师，当教师节临近之际，请允许我以一名普通青年教师的身份表达两点愿望：

第一，我希望学校老师可以有多一点的闲暇时间。

《论语》中有一个非常动人的场景。有一天孔子上课让大家聊一聊什么是“我能想到最浪漫的事”，他的学生曾点说：“莫（暮）春者，春服既成，冠者五六人，童子六七人，浴乎沂，风乎舞雩，咏而归。”孔子说，哎呀！跟我想的一样！可见孔子的理想不是解放全人类，而是很不起眼的，和小伙伴们一起沐浴春风，唱着歌，高高兴兴回家去。最深的理想不是轰轰烈烈改天换地，而是一种日常而又诗意的生活状态。这样的生活状态应当是我们每一个师者的追求，然而，我们并不曾拥有。

有一段被引用很广的话：“孩子，我要求你读书用功，不是因为我要你跟别人比成绩，而是因为，我希望你将来会拥有选择的权利，选择有意义、有时间的工作，而不是被迫谋生。当你的工作在你心中有意义，你就有成就感。当你的工作给你时间，不剥夺你的生活，你就有尊严。成就感和尊严，给你快乐。”其中对工作的认识算是卓越的见解。

工作要有意义和有时间，才能有成就感和尊严，人才会快乐。我们教师这份职业，有意义毋庸置疑；可是，我们没有时间。我们总是很忙，需要从早到晚盯学生，需要讲课讲到嗓子冒烟，需要熬夜备课，需要随时看微信，生怕错过学校或年级的某条通知……没有时间，我们的家庭生活就“一地鸡毛”，我们的个体生活就缺失了，我们如何感觉快乐？我们如何享有日常和诗意？

希望学校创造条件，让老师们有多一点的闲暇时间，多陪陪自己的孩子，多陪陪父母，多过一点有品质的生活，让每一位老师处在一种日常而又诗意的生活状态中。

第二，我希望学校能保持和发扬尊师重道的优良传统。

百年校庆期间，在咱们学校的公众号上，我看到了校友写一些老先生的文章，从中领略到了许多前辈教师的风采，那些老先生为学生们启悟、解惑、发言，一生跋涉于探索求真之途，经历过彷徨困惑的苦恼，也饱尝过体悟明道的欢欣。无论顺境还是逆境，那些老先生都反身以诚，持守着中外先哲们所昭示的理想，担负着阐发至善的劳作，一生不落名缰利锁，以恬淡充和之气，葆有着中国传统读书人的纯正品格。他们真的是“循循师者”，真的配得上“先生之风，山高水长”！

唐代韩愈在《师说》一文中对教师的职责有过界定：“师者，所以传道受业解惑也。”授业是传授知识，解惑是答难解疑，这当然是教师的重要职责。但是教师的第一天职无疑是“传道”！

有人把“传道”的“道”理解为政治思想，这是一种曲解。在人类思想的绵长河流中，任何政治思想都会过时，教师应该传递的是具有永恒价值的人类基本道德精神。“师道尊严”所强调的其实并不仅是尊重教师本人，也不仅是尊重教师本人的思想观念，而是尊重我们的文化传统，尊重我们的民族精神，尊重人类最普遍的真理。——西方先哲亚里士多德曾说：“吾爱吾师，吾尤爱真理！”这就是师道。

《马太福音》中说:“人点灯，不放在斗底下，是放在灯台上，就照亮一家人。”教师就应该是一盏放在灯台上的灯，他要以道来照亮“一家人”——那些求善问道的莘莘学子，那些漫游精神世界的读书人。

今日的教育，工具性被发扬得近于疯狂,“术”盛“道”衰,“术”恣肆张扬，而“道”江河日下。

为人师者，我们必须重“道”传“道”，引领学生向上去迎接理想，迎接至真、至善、至美。

最后，我愿再次向各位老师致以节日的祝贺，预祝大家节日快乐!

谢谢大家!

2017 年 9 月 7 日

博学深思　明辨笃行

——如何做一名添薪续火的文化守护人

诸位老师：

下午好！

蒙教学处不弃，请我来给各位老师做一个讲座。这个读书会的前几期邀请的都是大咖级的人物，譬如誉满京城的林祖荣老师、生物名师张超老师。所以，今天我压力很大，毕竟我只是一个刚入职七年的教师，比各位虚长几岁。我不敢说自己是来做讲座的，我只是来和大家分享、交流的，一会儿我所讲的，都是一隅之见，先请各位老师多包涵。

"博学深思　明辨笃行"这个主题出自《礼记》——"博学之，审问之，慎思之，明辨之，笃行之。"很多大学的校训化用了这句话，譬如复旦大学的校训就是"博学而笃志　切问而近思"。这句话大概的意思是：广博地学习、详细地追问、谨慎地思考、清明地辨别、切实地行动。对我们老师来说，这些是比较重要的品质。

一、博学

我们先来看“博学”。

“博学”的意思是广泛地学习。作为一名教师，学习是一个从不应间断的过程，北师大的校训即“学为人师，行为示范”。学习是我们成为一名教师的前提，然而成为教师之后，并不意味着学习的终止。学习应该是每一位师者的生存方式。

于老师而言，学习主要是两个方面的。

第一方面自然是读书，广泛地读书，读好书、读经典、博采兼收。

关于“什么样的书是好书”的问题，社会上很多人在谈，但是肯定不会达成统一的标准，因为每个人心中的“好书”是不一样的。学物理的老师觉得爱因斯坦写的书是好书，可是我一个学语文的老师就是看不懂；学数学的老师可能觉得熊庆来、华罗庚写的书是好书，我也读不懂……所以给“好书”下定义是困难的，也是费力不讨好的。当一本书能提升我的专业素养，能开阔我的视野，能启发我的思考，能给我精神的提升，我就认为它是好书。

为什么要读经典呢？意大利作家卡尔维诺写过一本专门的书来谈论这个问题，这本书就叫《为什么读经典》，译林出版社出版的，里面有很多令人耳目一新的看法，推荐老师们有空找来读一读。我这里就不谈了，谈也没有人家谈得好。

博采兼收就是说老师们读书可以宽泛一些。有一些书是我以前不太愿意看的，但我当了一些年老师后，忽然间发现它们对我们特别重要，比如说与心理学相关的书籍。如果我们不读一些权威的心理学书籍，不了解一些心理学的知识，其实是很难胜任班主任工作的。

学习的第二方面是交流。和不同行业、不同身份、不同年龄的人交流，或补充你事先的观点，或巩固你原有的认识，或给予你独特视角，或激发你新的想法……有一次我跟林祖荣老师交流了十多分钟，那是高三周六补课，我们从地铁站遇到，一起走到学校。一路上，林老师谈了他对学校教学理念的一些看法，对我有非常好的启发作用，让我有一种拨开云雾见青天的感觉。

我的学生也常常带给我启发。我带的第一届文科班学生中，有个非常厉害的学生，有一次她说很多老师是“以爱为名的温和的施暴者”。我当时很吃惊，后来细想确实是有道理的。譬如一个高三学生，今天语文老师布置一个小时作业，数学老师布置一个小时作业，英语老师布置一套卷子，政治老师再布置背两页书……学生回去就完蛋了，六个科目，一天的总作业量需要六七个小时才能完成。如果是品性很好学习认真的学生，不可能不做作业，但完成作业晚上就别想睡觉了。这个学生跟我说，所有老师布置的作业都是必要的吗？会不会有互相攀比的意思，会不会有重量不重质的情况？她说得对极了，恐怕我们老师在布置作业的时候得提前思考一下。

与这样的同事、学生交流，常常让我有很大的收获，被他人的智慧之光照亮，为他人的洞察力惊叹，为他人的情怀感动……从而内化为自己更好前行的动力。

二、深思

深思就是精深地思考，做思维的同志。王小波曾经说过：“对一位知识分子来说，成为思维的精英，比成为道德精英更为重要。”为人师者，也算一名准知识分子，一定要勤于思考、善于思考。

下面我举几个例子来阐释“深思”。

我曾给高一的学生推荐了一份书目，我的实习生拿这个书目来问我：您给学生推荐书目的依据是什么？我说，一是文史经典书籍，二是对学生现阶段的思维有直接启发作用的书籍。

她又问，您选了《红楼梦》《霍乱时期的爱情》，这些书是有点三观不正的，您不怕给学生造成不良影响吗？这位实习生担忧的，也是很多家长担忧的：孩子毕竟还小，心灵不成熟，有些东西诱惑很大，挡不住怎么办？我知道他们讲的是小黄书。孩子如果真的还小，那些东西是根本看不懂的，这就是我小时候（大概六年级）看《红楼梦》没觉得不对劲的缘故。《红楼梦》中有些词实在太那个了，譬如贾琏“如卧棉上”，或者贾瑞扑倒贾蓉那一段，但是我小时候根本不知道在说什么。这些跟书中的诗词一样，我都跳过，不喜欢。就喜欢看宝哥哥、林妹妹吵架，一大家族人去清虚观打醮，吵架、聚会我看得懂，那些流氓话根本看不懂啊。等到孩子能看懂了，说明他的身体已经发育了，开始成熟了，那些语言能唤起他隐藏在身体中某些特别的感受了。既然他的身体已经在寻求这些了，家长想遏制又怎么能遏制得住？那岂不是跟老天爷作对吗？

也有人说《水浒传》太暴力了，动不动就砍砍杀杀，不适合学生看。我生活的小县城书不多，六年级的时候《水浒传》和《三国演义》我各看了十遍。我为什么今天没有那么暴力，也不打学生？当时我看《水浒传》的时候最感动的是义气，每次都感动得热泪盈眶，我根本没有注意到李逵砍老百姓，我关注的不是暴力。

还有家长担心孩子能不能看金庸的武侠小说。金庸的小说我看过很多遍，1997 年古天乐演的《神雕侠侣》特别好看，我就激动了，电视每天才放一两集，一个月都放不完，我借来四本《神雕侠侣》，两天就看完了！不让我看金庸那长天老日的怎么混啊，简直要无聊死了！看了金庸之后，我就不喜欢看《水浒传》了，《水浒传》里的人武功太差，打个镇关西还要挥那么多老拳头，明显一个指头（“一阳指”）就能解决的事情嘛，真没意思！必须东邪西毒、南帝北丐，必须东方不败、独孤求败。没有这些人陪伴，我的青少年时代要有多寂寞啊。我爱上古典诗词也是从读金庸的小说开始的。黄蓉给洪七公做菜，菜名都化用古诗词——君子好逑汤、玉笛谁家听落梅，看了让人无比神往！

阅读没有适宜不适宜，只有喜欢不喜欢。适宜不适宜是外在的规定，是别人来裁判孩子的内心，而喜不喜欢是内在的动力，是孩子自己的决定。“被规定”还是“自主选择”是完全不同的两种人生。严肃地讲，这涉及人最基本的尊严，涉及人之为人最根本的需求。有人说，不让人自由自在地阅读是把人当孩子，瞎讲啊，那是把人当傻子，孩子也有自主阅读的资格。

接下来，我举第二个例子。

有一个很有名的故事叫“程门立雪”。“程”即程颐，是北宋著名的理学家。在程家门前立雪的是杨时。这个杨时是无锡东林书院的创始人。故事是这样的：杨时是程颐的学生，有一次他和一个同学到老师家去求学问，老师在家里睡着了，他们就在家门外站了半天，当时在下雪，这个雪都积到膝盖那么厚了。

我读了这个故事后一直在想，这个故事是真的吗？一个人在雪中立了半天会不会感冒？后来，我查了一点资料，发现传说的故事不对——“游酢、杨时见程颐于洛，时盖年四十矣。一日见颐，颐偶瞑坐，游酢与时侍立不去。颐既觉，则门外雪深一尺矣”（《宋史·杨时传》）。杨时当时已经40岁了，一天他去拜访程颐，程颐正在午睡，杨时在旁边站立着没有动，等程颐醒来之后，门外雪深一尺厚了。

这个原文和民间传说的故事最大的不同是：下雪时，杨时不是在门外，而是在屋子里。至于怎么就变成杨时站在雪中？这可能与我们的文化有关系，读书得下苦功夫，家长天天用这种苦难教育来刺激学生。小时候读过很多这样的故事，比如“囊萤映雪”，借萤火虫的亮光看书不可能，萤火虫的光不足以看书的；“凿壁偷光”，我们家没有灯，你们家有灯，我把墙壁砸了借你们家的灯。这个故事真荒谬，把你们家和邻居家共有的墙砸了借他们家的光，邻居会来找你麻烦的。这种故事的真实性都大大可疑，其背后有很深的国民性，值得我们当老师的去思考。

下面我举第三个值得我们思考的例子。

有一年国内评最美女教师，是东北的女教师张丽莉，她出校门的时候，当时有一辆卡车过来，她把两个学生推开了，自己的双腿被那辆卡车给轧断了。这个老师的确让人佩服，牺牲自己来救学生，精神可贵。因为这种奉献精神，她被评为当年最美女教师和感动中国人物，我觉得给予她任何的奖赏都是应该的。

有一天，我突然想，最美教师一定是张丽莉这样的吗？

那天是我们语文组赵润麒老师退休。相比张丽莉，赵老师没有那样惊人的举动，但他兢兢业业在讲台上站了三十多年，传道授业解惑三十多年。听他的最后一节语文课，台下的学生、老师都异常感动，这样的奉献者，这样的师者，也应该是“最美教师”吧。

“因为他不幸，所以他比那些取得同样成就的人更加杰出。”这种对劳动与美的误读到今天仍然存在，多多少少转化为对苦难的变相崇拜。那些他们希望你相信、为之感动，并效仿的劳动者事迹中，苦难成了浓厚而低劣的油彩，被毫无节制地大肆涂抹，模糊了当事人的形象，也模糊了劳动通过他们散发出的最柔和的光辉。

“虽然他不幸，但是他和那些取得同样成就的人同样杰出。”只要是通过劳动创造价值的人，他们愿意付出时间和精力的奉献精神都是同等崇高的。这是劳动的伟大之处。

在这个意义上来说，每一位在讲台上兢兢业业、恪尽职守的老师都是最美教师！

三、明辨

下面我们来说说“明辨”。

清明的理性，是每一个人应当保有的。身处一个信息混杂的时代，用清明的理性来辨析各种观念，把自己的思考理想地告诉学生，用自己的价值观来感染学生，是我们应该做到的。

我先来说说咱们学校流行的一个观念。

前几年我在高三的时候，发现学校有一个政策——高三的学生要一个一个地贴。“一个一个地贴”是什么意思呢？就是班里有多少个学生，你要时刻找他们聊天，时刻关注他们心理问题，时刻跟他们强调学习的重要性、分数的重要性。学生不学，老师要苦口婆心劝他学；学生写作业只写三分之一，你要把他叫到办公室来骂一顿。

我当时对此很疑惑，为什么？

我个人比较喜欢读《论语》，孔子说：“不愤不启，不悱不发。举一隅不以三隅反，则不复也。”“愤”的意思就是说这个学生心里特别想知道，但是他的能力达不到，这时候，老师应该去启发他；“悱”的意思是学生现在特别想表达出来，但是他的水平表达不出来，这时候，老师你要去帮助他、指点他。所以孔子的意思是，学生主观上、内在里特别想提高、想进步的时候，你去给他帮助，效果会非常好。这个学生现在就是不想知道、不想学、不想听课、不想写作业，你天天说，求求你学习吧，为了你的父母，为了你的前途，为了我们学校的高考成绩……这个效果会非常差。

尊重学生学习的主体性和能动性不仅是教学方法，而且是教育智慧。

接下来咱们说说近两年很火的一句话——“愿你出走半生，归来仍是少年。”

前些时候网上有一篇中学生的作文刷屏了，我搜了一下，大概是这样的：

愿你付出甘之如饴，所得归于欢喜。不甘平庸，是你。有人说你好强，我怎么没发现，好吧，我也并不完全了解你。只是别累着自己，哪怕收获多么丰盈。愿你道路漫长，有的是时间发生故事。若没有人陪你颠沛流离，便以梦为马，随处可栖。因为是你，到的地方一定温暖为你。愿你在最无趣无力的日子仍对世界保持好奇。撑不住了就先睡一觉，等等再说。还有人在爱你，你凭什么辜负他们选择放弃？愿你有高跟鞋但穿着球鞋，愿你一辈子下来心上没有补丁，愿你的每次流泪都是喜极而泣，愿你筋疲力尽时有树可倚。愿你学会释怀后一身轻，愿你走出半生，归来仍是少年。

这样的作文好不好？当然不好了，这明显不像正常人说话。一看就是从小收集好词好句的孩子，收集到初中，每一个句子都是好词好句。就跟菜里全是味精，一点真实的原材料都没有，这还怎么吃？当然一个初中孩子写这样的作文很正常，因为孩子还没长大，自己独立的审美还没有形成，往往觉得这种堆起来的作文比真人说话更有水平、更好看。真正需要怼一下的，不是这篇文章本身，而是热捧这作文的、审美和思考还停留在初中阶段的各路成年人。

先说一下什么叫审美未成年。不能说好的审美一定是什么样的，因为各有各的喜好，各美其美。但是找出一些明显不美的地方，找出一些通病还是可以的。

譬如第一，喜欢凑押韵的句子。这篇文章里接连用了甘之如饴、颠沛流离、随处可栖、喜极而泣、有树可倚……一般而言，只要不是写古体诗或者编二人转都不需要这么密集地押韵。连现代诗都不需要这么押韵了，更何况是散文。那么押韵有什么不好呢？白话文本身就是生活用语，它是很自然、很活泼的，如果强制性地绑定韵脚，就会显得过于整齐，整齐之后必然呆板，失去语言本身活泼的生命力，这就是画蛇添足，没事给自己戴一副镣铐。

喜欢写优美的空话。一个简单意思，不要以为换个很复杂点的说法就会上档次，任何语言的背后都是作者的思想和感受，这才是真正能打动人的东西，语言要通过最准确的最短的途径把那些东西表达出来。一个初中的孩子有独特的思想很难，但有独特的感受还是不难的。

这篇文章里“愿你付出甘之如饴，所得归于欢喜”。看起来很优美，但其实非但没有把感受的距离拉近，反而推远了。这句话怎么说？是什么意思就怎么说——希望你就算上班上得很辛苦，每天回到家里还是开开心心的。“若没有人陪你颠沛流离，便以梦为马，随处可栖。”——如果没有找到合适的人跟你一起玩一起 Happy，那就自己出去玩，自己 Happy。就这么说，放心，这样说即便不漂亮，但至少不矫情，宁可不美，也不要东施效颦。

再说一下什么叫思考未成年。譬如这一句刷屏的金句：“愿你出走半生，归来仍是少年。”这句话只在描述外貌的时候成立，譬如我就很希望自己脸上没皱纹，身材健硕。但容貌以外，不论是心地还是头脑，我都希望自己是个成年人。

有人说，这句话的意思是人之初，性本善，“归来仍是少年”是说即便成年了还是那么善良。谁说人之初就一定性本善的？谁说成年人就一定不善良的？善恶生来就交织在一起，一团混沌。一个刚生出来的宝宝是善良的吗？他就知道喝奶、睡觉，有什么善良不善良呢？

一个人在他没有明白是非之前是不具备善恶属性的，他都不知道什么是善，什么是恶，你叫他怎么成为一个真正善良的人？一个不能分辨是非的人干起坏事来简直太容易了。烧死布鲁诺的人觉得自己很虔诚，把小寡妇浸猪笼的人觉得自己很贞洁，把地主吊起来打死的人觉得自己很进步。不懂事的孩子干起这种正能量的事情尤其起劲，想想当年的红卫兵都干过些什么吧！这世上最坏最坏的事情不是坏蛋干的，而是一帮自以为很善良的蠢人干的。所以善良是有前提的，这前提就是要有最基本的是非判断，而这样的判断力不是先天就有的，不是少年人随身携带的，这是后天不懈努力的结果。

一个成年人有善良的心地，不需要说他仍是少年，而应该说他有基本的价值判断。这一种品格恰恰不属于少年，相反，它是成熟的表现。所以别矫情兮兮地去赞美少年了，成熟是美好的，那意味着你的见识在不断地丰富，眼界在不断地开阔，水平在不断地提升。你知道什么是美，什么是丑，什么是善，什么是恶，这是值得骄傲的。如果活了半辈子，还像个孩子一样懵懂无知，是非不分，美丑不分，那真是一把年纪活到狗肚子里去了。

我想说的是：愿你出走半生，归来终于成年。

我们要用自己的智慧去思考辨析教学中的既定概念，进行价值判断，然后用自己的价值观去影响学生，让学生从审美未成年走向审美成年，从思想未成年走向思想成年。

四、笃行

最后，我来谈一谈“笃行”。如果说前面的“博学”是自我蓄积、自我充实，“深思”“明辨”是思维过程、思想活动，那么，“笃行”就是付诸实践、切实躬行。

《论语》中孔子有一个学生叫宰予，宰予经常白天睡觉，孔子对这个大白天上课睡觉的学生很不喜欢，这个很正常，有学生在我的课堂上睡觉，我心里也不爽。孔子就说：“始吾于人也，听其言而信其行。”你说什么话，我就相信了你；后来就不是了，“今吾于人也，听其言而观其行”。你是这样说的，但我还得观察你的行为，看你是怎么做的。孔子这里谈的，就是言与行的关系。

位于清华大学礼堂前大草坪南端的古典计时器——日晷——上镌刻着“行胜于言”四个大字。这是当年梅贻琦先生对清华大学学生提的要求。其实，也是每一位师者应当铭记并践行的。

这里我举一些例子，都是我个人一些想法的零星实践，提出来供大家批评或者参考，绝无炫耀之意。

我因为总是带文科班、人文班，就一直想在理科氛围浓重的学校里做一点人文活动，这两年一直在做的是，在一些传统节日办人文雅集，譬如最近举办的“我见青山多妩媚”重阳诗词雅集，请一些老师和学生读读诗、讲讲诗，大伙儿听诗、喝茶、赏菊，不亦乐乎！

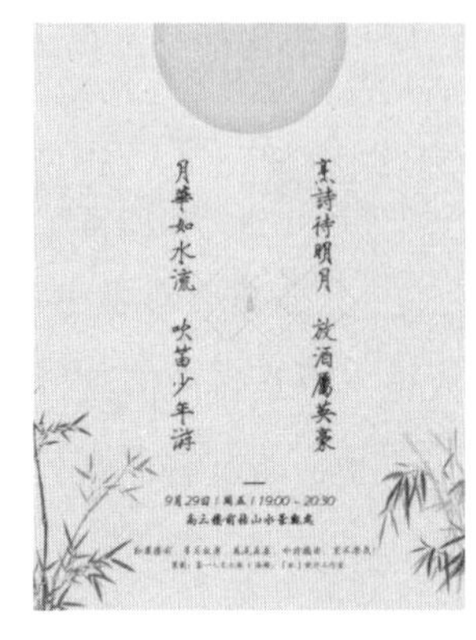

再如“聚一堂兮共明月”中秋人文雅集。去年的中秋人文雅集第一次做，当时我们班想自己玩一玩，没想到晚上居然来了很多其他班的学生。在月下吃月饼、听诗、唱歌……学生玩得特别高兴。当时，我和吴荻老师在旁边坐着喝茶，给学生们出了“秋”字，让他们玩飞花令，四十分钟也停不下来。

今年又办了第二届中秋雅集，场面比去年大多了，参与面也更广，高中各个年级都有学生参加。学生们或吟诗，或鼓琴，或唱京剧，或哼民谣……一堂风雅，满座都是精神明亮的人。

去年寒假，我策划了“弦歌不辍兮祭国殇”滇西人文研学，去腾冲“国殇墓园”、松山战场遗址拜祭中国远征军将士，去蒙自、昆明参观西南联合大学旧址。当时影院里正在放一部电影叫《无问西东》。游学结束后，有家长给我发了一条微信，说以前以为研学就是去旅游，这一次才真正觉得研学是真正在学习，凭吊先烈，触摸历史，思考当下。参加过这次研学的学生，对于远征军的历史、西南联大的历史，都怀有温情和敬意。这也是我策划这个活动的初衷。

今年秋季运动会，我们班也有一些独到的设计，把一些古诗词（尤其边塞诗）融汇到班级文化中来。我们做了一面大旗，旗子上书“银鞍照白马，飒沓如流星”。这是李白《侠客行》中的诗，飒沓如流星的英俊少年骑着银鞍白马纵横驰骋，展现了学生们在赛场上竞技的风采。我们班还特制了班服，男生衣服上写着“男儿何不带吴钩”，这是李贺的一句诗，就说男子汉要带着利器上战场杀敌去，鼓励我们班的男生上体育赛场和同龄人一较高低。女生衣服上写的是“相逢意气为君饮”，这是王维《少年行》中的一句诗。这个设计挺有意思，同学挥着班旗，穿着班服，在赛场上觉得特别自豪，这届运动会就玩得非常开心。

我相信，在座老师们比我有更多更好的想法，那就请大家勇敢去践行吧。“笃行”自己的教育理念，把自己的生命和学生们的生命融合在一起，是一件特别幸福的事。

北大老校长蔡元培先生曾说过：“要看明日之社会，先看今日之校园。”我想，学校总要有学校的样子：校园应该保持清静、庄重的氛围，应该尽量隔绝社会上的喧嚣和纷扰，传承文化、赓续文脉。

教师也必须有教师的样子：博学、深思、明辨、笃行，滋兰树蕙，引领学生追求真理和正义，培养具有独立意识的现代公民，塑造具有完整人格的“人”。

庄子说“薪尽火传”，我们要做一名真正为人类文化的代代相传添薪续火的守护人。

谢谢大家！

（本文依据作者于 2018 年 10 月 25 日在学校青年教师读书会上的录音整理而成）

“你必点燃我的灯”

——庆祝第三十六届教师节致全体教职员工的一封信

尊敬的各位同人：

“溪光初透彻，秋色正清华”，在北京最美的季节，我们迎来了自己的节日。祝贺大家节日快乐！

各位同人，2020 年是极不平凡的一年。一场突如其来的新冠疫情改变了我们所有人的起居，给生活带来了诸多不便，也给教学带来了巨大难题。全校师生团结奋进，以坚强的意志和有力的行动，打造了一个充满热情、温情与智慧的“云上”实验，铸就了教书育人的新气象，也延续了我校中高考成绩的辉煌。这一切，都有赖于全体教师和员工的辛劳付出，在此向各位表示衷心的感谢和崇高的敬意。

各位同人，新冠疫情虽然得到了有效遏制，但并没有彻底消除。根据防疫要求，今年教师节的欢庆活动，只能一切从简，还盼谅解。1936 年，国难当头之际，清华校长梅贻琦郑重宣告："大局虽不可知，然而吾人自己之职责，决不可放弃。"新冠疫情的防控何时解除尚不可知，但我们要一如既往把教书育人作为不可松懈的职责，挺立风骨、坚守担当，努力在危机中育新机、于变局中开新局。

各位同人，我校已经走过了 103 年的漫长旅程，又在第 104 年伊始迎来了教师节。值此，学校有三点期望：

一、希望各位同人心无旁骛、笃志于学

"所谓大学者，非谓有大楼之谓也，有大师之谓也。"梅贻琦校长的名言脍炙人口，移用到中学，也是适宜的。衡量一所中学好不好，主要不是看它的占地面积、高楼大厦，而是看它能在多大程度上吸引、凝聚最有学问的老师，能在多大程度上培养具有独立思考能力的学生。

浙江上虞白马湖畔的春晖中学，在 20 世纪 20 年代俊彦云集，曾一度聚集了夏丏尊、丰子恺、朱光潜、朱自清、匡互生等在各领域成就非凡的老师。

重庆沙坪坝的南开中学，在抗战时期也是名师荟萃，国文老师孟志荪、陶光，英文老师赵瑞纭，化学老师郑新亭，物理老师魏荣爵，地理老师吴振芝……皆一时俊秀。

我校也有一批学问精纯的教师，如语文组王遐之老师，生物组林祖荣老师，历史组王宏伟老师……他们所不断夯实的学养厚度、拓展的学问深度，都是令人钦佩的，他们博观约取、厚积薄发，用丰厚的学问修为滋养人生。希望各位同人尤其是新晋青年教师能向这些老先生学习，静坐书斋，潜心向学。

孔子曾说："后生可畏，焉知来者之不如今也？"当信站上实验讲台的老师，都是有学术尊严的。学术是我们每一位老师走上讲台的底气、安身立命的根本。学校希望每一位老师都能"致知穷理，学古探微"，把追求学问作为一种生活方

式，成就斐然的积淀，创造属于自己的学问人生。

二、希望各位同人以道为灯，照亮学子

师者何为？教师的天职是什么？

韩愈的《师说》有经典界定："师者，所以传道受业解惑也。"授业、解惑就是传授知识和答难解疑，这当然是教师的重要职责，也是广大教师教学工作的主要内容。但是教师的第一天职无疑是"传道"！孔门大贤七十有二，不乏政治、军事乃至理财方面的优秀人才，但是孔子最看重的却是以道德境界而著称的颜回，因为培养高尚健全的人格才是教育的终极目标。

"道"高于"业"，学校不仅是传承知识的场所，更是培养学生精神气质的园地。学生来学校学习，不是为了走进一条课本知识的胡同，而是要走向一个追求真、善、美的广阔原野。一个老师如果不能在人格、精神上给予学生有益的影响，就不可能是好老师。同理，一所学校如果不能让莘莘学子感受到一种强烈的文化氛围，不能给学生以潜移默化的德行浸染、文化熏陶，整天只让他们在题山卷海中跋涉，就不可能是一所好学校。

学校希望每一位老师都能重"道"传"道"，以智慧和学识点亮烛火，唤醒学生的精神生活，让他们懵懂的内心世界疏朗清明起来。

《马太福音》中说："人点灯，不放在斗底下，是放在灯台上，就照亮一家人。"教师就应该是一盏放在灯台上的灯，他要以"道"来照亮"一家人"——照亮那些求善问道的莘莘学子。

三、希望各位同人关注现实，心念苍生

重庆南开学子的心中，永远忘不了这样的画面：孟志荪老师讲杜甫诗，竟声泪俱下，教室里弥漫一股幽愤悲伤，久久难消。

天津耀华中学校史上，镌刻着赵君达校长的事迹：天津沦陷后，利用耀华中学地处英租界的条件，赵君达接纳不能随南开中学南迁、滞留天津的学生，使大批学生不致失学。但是，赵校长拒绝按照日伪旨意更换教科书。1938 年夏，赵校长在早晨散步时惨遭暗杀。

……

那一代的中学教师，心念苍生，心怀国家，在抗战烽火中弦歌不辍。这样的家国情怀，理应在我们这一代师者身上绵延。李晓辉校长在今年的毕业典礼致辞中说，希望实验的毕业生葆有“对人类苦难不可遏制的同情”。如果教师不曾拥有这份理性关注与悲悯情怀，如何能感染学生，成就他们的健全个性和品学格局？学校希望每一位老师都能关注现实，心系苍生，让实验学子受到与市井世俗社会不一样的熏陶，并在以后的人生中传我们的薪火，永恒不灭。

各位同人，在枝蔓丛生的世界，我们需要独立不群的风骨来维系这一份淑世情怀。

社会生活是形形色色的，有好的、有用的、合理的一面，也有不合理的、阴暗的、肮脏的一面。它是一个大杂烩，任何时代，任何国度，都没有例外。我们一旦妥协，转眼就会消融成汤汁；只有挺立铮铮铁骨，才能永不变形。《论语·泰伯》：“曾子曰：‘士不可以不弘毅，任重而道远。仁以为己任，不亦重乎？死而后已，不亦远乎？’”希望每一位教师对自己都有这样的期许。如果教师选择了无底线地适应世俗社会，随波逐流，也就意味着放弃了何以从教的初心，暗淡了崇高的理想。无论对师者个人，还是对社会，都是悲剧性的。

各位同人，教育是国之大业。我们背负国家的重托，百姓的信任，真的道阻且长。

“富贵福泽，将厚吾之生也；贫贱忧戚，庸玉汝于成也。”让我们把一切的优渥和艰苦都看成历练，砥砺前行，心向远方。不要感慨社会风气不好而怨天尤人，身为师者，我们有责任，也有智慧和能力，教导学生，化育心灵，进而消减社会的戾气，增进社会的温情和善意。

各位同人，让肉体焕发精神，是教化的责任。古希腊先哲苏格拉底更视其为终身任务。“你必点燃我的灯！”教化必须启蒙，点亮灯，让光投射到远处。

最后，再次向各位同人致以节日的祝贺，祝每一位燃灯者节日快乐！愿我们心中永远还有温热、光明！

北京师范大学附属实验中学

2020 年 9 月 10 日

代　跋

校园中的理想主义

——专访樊后君老师

高中语文教师　樊后君 /《校园时讯》记者　姚可语

1. 关于理想主义

姚：您觉得您算是理想主义者吗？您认为什么是理想主义？

樊：我觉得我应该算一个理想主义者。至于什么是理想主义？理想主义表述起来很复杂，体现在人身上，用一句话来表述，或许是：一个人有理想、有热情、有锐气，坚守风骨和气节，不愿意过多地妥协于现实，愿意通过自己的行动去追求明亮、诗性、美的事物。

姚：您理想的生活是什么样子的？

樊：我当年理想的生活是在北京教两年书，然后到天津教两年书……在中国从北教到南，一边教书一边旅游。不把教育当成束缚，而是当作播种。去各个学校上课，认识各种学生，了解各地风土人情，带领学生和古人对话，在文史哲中涵养、提升自己，我自己也在各地的美景中养心悦目。但是现在这个理想的生活已经不太可能了。

姚：您理想的教育是什么样子的？

樊：我用《论语》中曾皙的一段话来形容："莫（暮）春者，春服既成，冠者五六人，童子六七人，浴乎沂，风乎舞雩，咏而归。"

姚：您觉得中学教育应该培养什么样的人？

樊：英国的大教育家纽曼说过："大学不培养政治家，不培养作家，也不培养工程师，大学首先培养的是灵魂健全的，到达博雅高度的，即具有完整人格的人。"爱因斯坦也有过类似的说法，如"中学教育最重要的责任是培养学生的独立人格"。我觉得在中学教育中，就是要培养具有独立思想、健全人格的人。

1929年，陈寅恪先生在给王国维先生所撰的《海宁王先生之碑铭》中写道："先生之著述，或有时而不章（彰）；先生之学说，或有时而可商。惟此独立之精神，自由之思想，历千万祀与天壤而同久，共三光而永光。"

陈寅恪先生认为"独立之精神，自由之思想"是王国维先生最可贵的品质。这十个字应该成为所有读书人的追求，更应该是我们中学教育秉持的育人信念。

2. 关于语文

姚：实验中学语文组一直在倡导大语文，您认为什么是大语文呢？您如何看待大语文的理念呢？

樊：我对"大语文"的理解是超越课堂的语文，或者是超越校内学习的语文。如果简单地把语文分成语言和文学的话。语言可以在课堂中学习规则，但更应该在社会中掌握其情境意义。我觉得文学就是人学，是个人心灵的历史。人的心理变化和情感滋养，不仅仅发生在学校里，更多的是发生在社会中，与他人的交往中，以及和自然的接触之中。除了课堂的语文学习，可以更多地走出去。比如说在这方面我很在乎研学。我前些年策划过江南研学，当时定了一个叫“云山几盘 风流几湾——江南人文研学”。江南有好多地方可以去，我们选了几个文化底蕴深厚、江南情韵独特的地方：我们先去苏州看园林。苏州园林是中国传统建筑艺术的代表。出发前，先让学生读了一些关于苏州园林的书，比如陈从周先生的《梓翁说园》、童寯先生的《江南园林志》。第二站去了镇江。镇江有一个北固山，这个北固山占有宋词中的半壁江山，像辛弃疾的《南乡子·登京口北固亭有怀》《永遇乐·京口北固亭怀古》等。我们就在北固山上“痛拍栏杆”，朗诵辛弃疾的词。在镇江还去了金山寺和焦山，我在金山寺的腊梅树下给学生讲苏轼的《游金山寺》，就是“我家江水初发源”那一首。后来到扬州，我们去了何园和个园，同时也去了大明寺、平山堂，去缅怀唐朝的东渡日本的鉴真和尚，还诵读欧阳修、苏轼写平山堂的诗词，如“平山阑槛倚晴空，山色有无中。手种堂前垂柳，别来几度春风？”

我只是以研学为例，如果说大语文是超越课堂的语文，我们就应该到社会中学语文，加深对语文的理解，用丰富的情感体验作品。我觉得它就不再是两耳不闻窗外事的语文学习了。

姚：您认为我们为什么要学习语文？

樊：功利一点来说，学习语文，是为了学会阅读，读各种材料都没有问题；也是为了学会表达，在各种情境中，都能畅通地、清晰地表达自己的思想。

感性一点来说，中文是我们的母语，作为中国人，我们要通过学习母语，来了解中国文化中很多精粹的东西，去亲近那些伟大的灵魂——孔子、庄子、屈原、司马迁、杜甫、苏轼等。我们可以在他们的作品中感受生命的复杂、理想的可贵、精神的高度等。

当然，因为说的是学习语文，那语文可能就不仅仅是中国的了。咱们教材中也有一些外国文学作品。借助教材，我们了解西方那些伟大的史诗、伟大的小说、伟大的戏剧和诗歌。我们可以读莎士比亚的“四大悲剧”，可以读马尔克斯的《百年孤独》《霍乱时期的爱情》，我觉得这很幸福。

学生学习语文不完全是为了考试，语文不能仅仅作为一个工具而存在。学习语文，用语文来提高自己的阅读能力、表达能力，去和古今中外各种优秀的文人、学者、思想家进行交流，借此来丰富自己的思想和情感，加深自己对社会的认识、对人生的思考。我觉得学习语文是一件很快乐、很有意义的事情。

3. 关于阅读

姚：您认为我们为什么要读书？

樊：我觉得因为书籍是人类最重要的一个文化载体。在我们现在的电子设备产生之前，书籍是人类最重要的文化载体。你看古代的那些统治者害怕书籍，秦始皇焚书坑儒，可见书籍的文化力量是很强大的。

书籍的作用不是为读者提供现成的答案。如果伟大的作家把答案写在书里，他和营销号的三流写手有什么区别？

书籍的意义在于帮助人们更好地理解世界与人。一个人接触的书籍越多，他就越不急着下道德判断。他在面对某一社会现象时，总是自觉地试着去理解，而不是急着去表明支持或反对。

所以，一个人可能一辈子生活在偏远乡村，但是如果他广泛读书，他就能理解这个世界上发生的那些重大的变化，能理解对自由思想、自由行动的渴望，对性别平等、种族平等的追求，以及对和平、和解的期盼。

这样，即便他自己不是少数族裔，也能理解少数族裔争取自身利益是合理的；即便他自己不是性少数人群，也能理解性少数人群争取平等对待是合理的；即便他有自己的民族身份、国家身份，也能理解其他民族表达自己的利益诉求是合理的。

读书的意义，就是让我们更丰富、更包容、更宽厚。

姚：您有没有非常喜爱的书呢?

樊：我喜爱的书真是太多了，我喜欢莎士比亚的悲剧，喜欢三岛由纪夫的《春雪》《金阁寺》，喜欢马尔克斯的长篇小说，喜欢卡尔维诺“我们的祖先”三部曲……

在我的成长历程中，一度最喜欢的作家是金庸（现在还是非常非常喜欢）。

小学时看 TVB 的《射雕英雄传》，爱死黄蓉和郭靖了，就找了小说来读，读得昏天黑地，茶饭不思！小学升初中的暑假，我猛看金庸，一整天除了吃饭就是横七竖八、东倒西歪地看金庸。想想那时候自己也可怜，重点中学住校的学生，念书不上不下，既不像普通中学的孩子那样轻松，也没有好学生的成就感可言。拖着沉重又无聊的担子一步一步艰难地往前。唯一可以放任自己想象的大概就是那一片江湖了。在斗室之中想象天高地阔，想象人心险恶。后来大学时候一听见许巍唱“曾梦想仗剑走天涯……”，顿时泪如泉涌。

说来奇怪，有些书一定要到特定的时候才能读出某些意思来。譬如我读托尔斯泰，高中时候就大概翻过《安娜·卡列尼娜》，当时只觉得是个爱情故事。可是就在十八九岁的年纪，忽然就开始被“生活的目的是什么?”“什么是道德?”“美与善是否有冲突?”这样一些大问题吸引。那是一个感受力、思考力、领悟力全方面大爆炸的年龄，心灵的渴望像一个无底洞似的，什么都扔得下去。一点点值得思索的东西都会激荡起心里的大风暴，吹得我不知道方向。之前我一直相信世界是物质堆积起来的，或者根本就没有思考过“世界是怎么一回事儿”这样一些根本问题，所以，当那些问题排山倒海一样向我扑过来的时候，我感到非常的恐惧，然而又像撕开新的自己一样充满了期盼。眼见着一个物质世界像积木搭的房子一样坍塌了，四周也没有挡风的围墙，我孤零零地面对一个我不理解的似乎也没什么意义的世界，这一次，我真的开始失眠了，浅薄的睡眠中噩梦频繁。只好一部一部地啃书，充满焦虑的渴望。那时候看过的书大概在同龄人中算非常多的。内容大部分忘光了，记得些模糊的书名。爱看哲学书，苏格拉底、柏拉图、尼采、卢梭、维特根斯坦的书居然都能看下去。

文学类的特别喜欢俄罗斯小说，厚重深沉。列夫·托尔斯泰是我的天神，有一段时间甚至夜里要枕着他的书才能睡着——并非因为他能提供答案，而是，在那时的我看来他如天神一般的强悍有力量，而这样的天神竟怀着与我相同的疑惑，我无处可躲，于是拉着他的衣角，躲在他的身后。

陀思妥耶夫斯基一开始并不能看懂，太黑暗了，甚至变态。后来似乎慢慢可以理解，一个人的灵魂行走在这苦难的大地上是多么多么沉重，没有希望，没有依靠，却仍旧要带着爱和眼泪艰难地生活下去，心里的爱和同情让我忍不住抱着他的书痛哭。我有一次跟一个朋友聊起俄罗斯小说，我说我《战争与和平》看过不下四遍，他不觉得很惊讶。我又告诉他《卡拉马佐夫兄弟》我看过两遍。他吃惊得大喊起来："你好变态！"是的，那是心灵的炼狱！

当然也有美好的阅读，最美好的是我开始读懂并且沉醉在《红楼梦》爱与美的世界里。我喜欢黛玉、湘云、晴雯、平儿那些姑娘，喜欢她们可爱的模样、生动的脾气、灵秀的诗行。我在她们身上默默投下自己心灵的影子，有时候歌哭与共。这种体验真是美好！下雪的时候哪儿也不想去，只想坐在窗子边上看《红楼梦》，一抬头白茫茫的琉璃世界，多干净，心里也是干干净净的，年华也是干干净净的。

离开学校之后读书变得理性、沉着了许多。很少有看得特别激动的书——大学时候看啥都激动——在看了哈耶克和以赛亚·伯林的书之后，我觉得好像把脑子洗清楚了似的。当然，其他还有好多书，有些看过就忘了，有些记得一两句话，有些干脆连作者、书名都想不起来了。但是，每天都还在看啊看。工作、结婚、有了孩子，人生的重要阶段波波折折地经历了很多，但看书是一种无法间断的习惯。我想以后也大概如此吧。

姚：您觉得理想的阅读状态是什么样子？

樊：我觉得理想的阅读状态应该是不为了功利的目的的阅读。

现在我们很多阅读是比较功利的。比如我们的学生要考试，所以读《红楼梦》读得很痛苦，背《论语》背得很痛苦……再比如说下周要考一个什么证书，赶紧去读一读这方面的书。

刘义庆编撰的《世说新语》中有王子猷“雪夜访戴”的故事，“吾本乘兴而行，兴尽而返”，要是读书也能达到这个境界就好了。何必考试？何必拿学位？何必借此发表论文？

当然，如此无牵无挂、自由自在的“读书”，是一种理想境界，现实生活中很难实现，“虽不能至，心向往之”吧。

4. 关于诗歌

姚：您认为什么是一首好诗？

樊：叶嘉莹先生曾经说过，中国古典诗歌具有感发人的生命的力量。我觉得这很重要。如果一首诗能感化人的生命，那它就是好诗。

还有一位英国诗人奥登说过，诗歌有两种，一种是能唤起我们既有的情感体验，另一种是能激发我们从未有过的生命体验。我觉得这两种都是好诗。唤起我们既有的生命体验，就是这个体验已经在我心中放了很久，但是已经沉寂了，突然间我读到了某句诗句。比如我突然间就读到了陶渊明的诗——“有风自南，翼彼新苗”，想起家乡田野的画面，我就感动了；又如，我突然间就读到了李商隐的诗——“一春梦雨常飘瓦，尽日灵风不满旗”，想起家乡如梦一般的雨、似灵一般的风，我一下子情感就激动起来了。那我就觉得很感动，就好像他这个诗人代替我说出来的这句话一样。说到从未有过的生命体验，我们每个人的一生都是很短暂的，所以有些生命体验，我们是没有经历过的，可是伟大的作家或诗人，用一句诗就告诉我们还有这样一种生命体验，你突然间感觉生命有了一片新的天地。我觉得这个其实也可以是好诗。

这两种诗句，都是能感化人的生命的。诗歌不是客观地讲道理，也不是盲目地抒情；真正的诗歌，是用真挚的内容、真挚的情感、深刻的思想来唤醒我们生命的共情能力。我觉得这是好诗，是我喜欢的诗。

姚：您认为我们为什么要读诗呢？

樊：因为诗是最精粹、最浪漫的文学体裁。诗歌的语言很简练，把好多生命的体验和社会生活的一些思考凝缩在那么短短的语言里面，特别高级。如果我们喜欢文学，我们读诗，其实就是保持我们生命的诗心，让我们的生命不会在繁杂的社会里变得陈旧下去，变得黑暗下去，诗让我们的生命永远保持明亮的质地，向光明的东西去追寻，向一种美的力量去追求。让我们永远有善感的心灵，永远充满爱，永远向往美。这是诗歌对我们最重要的意义。

顺便说一下，常有人说，了解古诗词是为了用更美的语言来表达生活，譬如说看到桃花，没有古诗词就只能说“哎呀真好看啊”，有古诗词就会说这是“桃之夭夭，灼灼其华”。夏天逛西湖，你又说“哎呀真好看呀”，人家会说“接天莲叶无穷碧，映日荷花别样红”。秋天看到落叶你又“哎呀”，人家会说“袅袅兮秋风，洞庭波兮木叶下”……这种话真是胡说八道，你要是真跟人这么说话那太傻了，会没有朋友的。任何一种语言，它一旦过去就不会再回来，你是不可能让它在生活中复活的，如果勉强为之，就跟大白天见鬼一样，诈尸，好吓人。咱们要杜绝在生活中启用古诗词的念头，它根本就不是拿来用的。它存在着，是标注过去的时光，是承载过去的生命，让你看见那些音容笑貌、那些人面桃花、那些巴山夜雨、那些雪舞回风，这还不够吗？这还不足以让你感动吗？

姚：您最喜欢的诗人是哪位？为什么？

樊：其实我喜欢的诗人还是挺多的。分类来说一说吧。

如果是中国现代新诗，我最喜欢的诗人可能是穆旦。穆旦是现代诗歌史上杰出的诗人，他承上启下，使中国新诗基本完成了由浪漫主义到现代主义的转化。他的诗有较强的现代感，在技艺和审美上都达到了一个较高的层次。可惜在创造力日趋旺盛的时候，他的写作不幸中断。穆旦的很多诗歌极强地打动过我，我非常喜欢他写中国远征军的一首诗，叫《森林之魅》，祭奠那些埋骨野人山的远征军将士的，其中有这样两句——“他们的尸体还挣扎着想要回返，而无名的野花已在头上开满”。读这样的诗句，直教人落泪，有唐诗中“可怜无定河边骨，犹是春闺梦里人”的悲怆感。我更喜欢的是他的另一首诗《赞美》，曾经入选过高中语文教材。“走不尽的山峦和起伏，河流和草原／数不尽的密密的村庄，鸡鸣和狗吠／接连在原是荒凉的亚洲的土地上……”一读就感觉旧中国的画面在头脑中出现。他的诗歌中有一种悲怆的同时又很博大的力量。“因为一个民族已经起来”，他写的不仅是一个个个体的痛苦，他写的是整个民族的苦难和创伤，但又不让人绝望，其中有一种勃发的力量。我当年被他那首《赞美》深深地震撼过，现在还经常朗读。

古代诗人中，我一直非常喜欢李商隐和陶渊明，当然还有苏轼。很多人觉得李商隐的诗非常晦涩，而且诗意比较闪烁，不确定。就像元好问说的“诗家总爱西昆好，独恨无人作郑笺”。我觉得李商隐的诗歌魅力无穷。为什么魅力无穷呢？李商隐是用宋词的写法来写诗，所以他的诗歌写得很含蓄、很朦胧，甚至情感发展变化的节奏都不太好把握。就好像学哲学的人一定要读一读康德，康德就是哲学中的高峰一样。我觉得读中国古典诗歌，也一定要读一读李商隐，李商隐是中国古典诗歌中的康德，他很难懂，但是他魅力无穷。他让你忍不住想去读它，让你看到了一个诗人非常独特的才华。而且李商隐的诗也很深情，凭那一首《夜雨寄北》就打动了千百年来无数的读者。

康德虽然很难懂，但不看好像一辈子挺亏的。我们一世为人，总要尽可能见识一些高邈的风光，要不然真是不划算的。一个好的作者未必需要把作品写得大家都读得懂，它可以尽情地深奥、晦涩、冷僻，只要有精彩的内涵自然会有识货的读者。李商隐的美，美到不可思议！如果我们只会欣赏李白、杜甫、白居易而错过了李商隐，就相当于只看到白天的美而错过了夜晚，错过了夜晚的梦境，错过了梦中的蝴蝶。

如果我还要再加一个的话，当然是陶渊明了。我是无名之辈，喜不喜欢都不重要。其实，陶渊明的粉丝多的是，后来的诗人像李白、苏轼和辛弃疾都很喜欢陶渊明。苏轼曾经说“梦中了了醉中醒，只渊明、是前生”，说陶渊明就是他的前世，他把陶渊明所有的诗歌都和了一遍。辛弃疾有一首词叫《水龙吟》，第一句就说“老来曾识渊明”，意思是老了才了解陶渊明多么了不起。他们都很喜欢陶渊明。

我对陶渊明的认识可能跟一些既定的认识不一样。很多人认为，陶渊明是田园诗人或隐逸诗人的代表。不管是田园还是隐逸，都有一点点消极的力量。我认为陶渊明非常了不起的地方是他给我们后代的中国人开辟了一条不一样的道路。他开辟了一条什么样的道路呢？中国文学和西方文学很大的不同是，西方文学是会很严肃地讨论如何去建设个体的生命。中国的文学它一直强调政教功能，我们的传统文学中有太多的讨论是如何去建设家国天下，“修身齐家治国平天下”，更重要的是治国平天下。但是中国文学没有很严肃地讨论过如何去实现自己独特的人生。去实现自己独特的人生是一件被忽视的事情，陶渊明他很了不起，当一拨一拨的人都要前赴后继地去建设家国天下的时候，陶渊明在经历了自己理想的挫败之后，找到了另外一条路。他一个华丽的转身，就回到田园去了，“田园将芜胡不归？”其实不仅仅是田园快荒芜了，是自己的人生也快荒芜了。然后他就在自己人生路上去开疆拓土，不再去追求光耀门楣那些宏大的东西。他不要了，他要什么呢？他要把自己活成一个诗意的人生。他说我要把我自己的人生建设好，我的人生不能光有外在的这些东西，不能由外在这些金光闪闪的功名利禄决定；我的人生就是要回归自然，回归清净的大地，看见世界最本原的样子；我要这样的人生，我要让我的生命干净挺立，在这片大地之上生长。我觉得陶渊明非常了不起的地方就在这里，他给后代的文人开辟了这样一条道路。那后来无数的文人，在政治上遭遇挫败的时候，都可以回到陶渊明开辟的那条道路上去，去找心灵的慰藉。所以，陶渊明给后代的文人开辟了一个避难所。

5. 关于文字

姚：在您看来什么是好的文字?

樊：这是一个很难的问题，我觉得首先是既能表达生命的感受但是又不过于求新。有的文字情感泡沫一堆，很虚假，好多文化大散文是这样，这个当然不是好的文字。也有人写东西刻意求新，文字组合弄得非常的怪异。我觉得如果求新还能唤醒人的情感，那其实也很好。但是如果求新到了极致，就好像我们说中国古典诗歌中有“郊寒岛瘦”，他们那些人“吟安一个字，捻断数茎须”，为了一个字，费尽力气、呕心沥血，“为人性僻耽佳句，语不惊人死不休”。如果是那样的，我觉得走得太远了，有点过度了。我觉得好的文字是不矫情、不生僻、有情感、有思想。

还有，我觉得，好文字也不能太用力。比如王维和陆游有几句诗，意思很相似:“行到水穷处，坐看云起时”“山重水复疑无路，柳暗花明又一村”。前者比后者来得高明。几句诗基本一个意思，先说快不行了，后来又满血复活。但王维是诗意的顿悟，陆游是励志鸡汤。王维完全不用力，风云流水，自然造化之功。放翁则是铆足了劲，拼命硬干，诗句就有了咬牙切齿的味道。叶嘉莹先生的老师顾随先生说，跟王维一比，陆游真笨。诗不能太用力，或者说即便用力也要把这力气藏起来，武侠小说中身怀绝技的高手不会咋咋呼呼、大喊大叫，一般表演个“踏雪无痕”“凌波微步”啥的，就是这意思。李白写诗脱口而出，“朝辞白帝彩云间”，大白话。我小时候真以为他跟一个穿着白衣服的神仙在彩云间挥手告别，一转身踏着云彩下凡来了。就是这么仙！什么“僧推月下门”还是“僧敲月下门”，蜗牛左右角的区别，都没啥意思。

姚：谢谢樊老师，很荣幸听到您这些智慧之语，真的深受启发。

樊：不客气，感谢你的采访。